Catalogage : Management, Leadership, Responsabilité sociétale et environnementale
Directrice éditoriale : Claire Gautier
Assistante éditoriale : Clara Nauche

Titre original : *A Duty to Grow – The Ikea Edge*

Édition française 2012 : Les Éditions Diateino

ISBN : 978-2-35456-055-3

Retrouvez-nous sur :
http://www.diateino.com
http://facebook.com/diateino
http://twitter.com/Diateino

Anders Dahlvig

LA SUCCESS STORY

IKEA

UNE VISION DE LA CROISSANCE

diateino

SOMMAIRE

En quoi les entreprises peuvent-elles contribuer à la formation d'une meilleure société en alliant performances financières et responsabilité sociétale. Une réflexion sur les bonnes pratiques en affaires par Anders Dahlvig, PDG du groupe IKEA de 1999 à 2009.

Avant-propos

C'était la fin du mois de juin 2009, par une splendide matinée d'été typique en Suède. Il me restait une chose à faire avant de quitter Älmhult pour la dernière fois en tant qu'employé d'IKEA : enregistrer mon dernier *webcast* mensuel pour le site Web. Le hasard a fait que cela se faisait dans « le vieux siège » situé à Älmhult, la cité où IKEA avait été créée soixante-cinq ans plus tôt. L'immeuble servait autrefois de siège à IKEA, et il en avait gardé le nom depuis. C'était dans cet édifice même que j'avais passé mon entretien d'embauche, pour rejoindre la société il y a quelque vingt-six années. En entrant dans le hall d'accueil, je constatais que quasiment rien n'avait changé depuis tout ce temps. L'enregistrement du *webcast*, avec une petite caméra, se faisait au sous-sol. Derrière moi, une large feuille de papier de couleur verte avait été posée sur le mur afin de cacher le béton. Pas de studio high-tech ni de société de production extérieure. Une fois l'enregistrement terminé, je suis allé voir Bosse Franzen, un vétéran d'IKEA, qui était en train de monter la deuxième partie du DVD de l'histoire de l'entreprise dans son petit local situé au sous-sol. Nous avons visionné ensemble quelques plans du film et avons parlé d'IKEA, puis je suis parti.

Bien que ce ne fût pas mon dernier jour chez IKEA, cela y ressemblait fortement. Je venais de passer deux jours en compagnie de 300 cadres supérieurs de l'entreprise pour planifier l'avenir. Le nouveau plan de cinq ans était destiné à remplacer le plan qu'IKEA avait mis en place pendant les dix dernières années. Une formidable soirée d'adieu avait eu lieu la veille, et c'était très émouvant et bouleversant pour moi et pour beaucoup de mes amis, un moment qui fera toujours partie des meilleurs souvenirs de ma vie.

La recherche de mon successeur avait commencé déjà depuis un certain temps. En 1999, quand j'ai accepté de devenir le PDG, j'avais dit à Ingvar Kamprad (le fondateur d'IKEA) que pour faire un bon travail, un horizon de dix ans me semblait raisonnable. Nous avons alors développé ensemble une direction pour les dix ans à venir qui nous sert de document d'orientation de base. Alors que la fin de cette période décennale s'approchait, l'idée d'un départ était toujours tout aussi justifiée, pour un certain nombre de raisons. Nous avions besoin d'un nouveau plan à long terme, notre président était relativement nouveau, et la gouvernance de l'entreprise entrait dans une nouvelle phase où les fils du fondateur allaient prendre une part plus active dans le conseil d'administration. Personnellement, je sentais aussi que j'avais moins de motivation et d'énergie au cours de la dernière année. Un changement était donc bénéfique aussi bien pour IKEA que pour moi. Il fallait un nouveau dirigeant fourmillant d'idées et bouillonnant d'énergie, recruté par le conseil et ayant des liens forts avec les administrateurs. Cela semblait donc un bon moment pour passer la main.

Le choix de mon successeur m'a ravi. Michael Ohlsson avait une très grande expérience et était très apprécié par ses collaborateurs. Cela faisait de nombreuses années qu'il faisait partie de l'équipe dirigeante et qu'il en soutenait les projets. C'était l'occasion d'un changement, à la fois salutaire et sans heurts, qui préservait la continuité et la stabilité, de plus, les employés d'IKEA verraient cela d'un très bon œil. Je pense que beaucoup ont été surpris que je n'aille pas occuper un autre poste en interne juste après, et cela en dit long sur cette entreprise. Pourquoi diable quelqu'un voudrait-il aller travailler ailleurs que chez IKEA ? Je n'ai aucun doute qu'on aurait pu me trouver un autre poste, mais il était temps que je tourne une nouvelle page de ma vie. Mon but était donc d'occuper des postes non-exécutifs au sein des conseils d'administration d'autres sociétés. Je voulais consacrer plus de temps à ma famille avant que mes garçons quittent l'école, je voulais également être mon propre patron et voir ce que mon expérience pouvait apporter à d'autres entreprises.

Introduction

Je suis un fervent partisan du capitalisme et d'une économie globale libre et ouverte. Je pense également que le monde des affaires est le plus gros générateur de croissance, de prospérité et de solutions aux défis auxquels notre planète est confrontée, tels que la pauvreté et les menaces environnementales.

Ces dernières années, une de mes préoccupations croissantes concerne ce que je perçois comme un écart grandissant entre le monde des entreprises et le grand public. Presque chaque jour, à la une des médias, on trouve des reportages sur l'incurie, la cupidité, voire les actes pénalement répréhensibles de dirigeants. Le grand public a de moins en moins confiance dans les entreprises. En réponse, les gouvernements et les institutions produisent davantage de lois et réglementations, dont le seul effet notable semble être d'accroître les formalités administratives et le temps passé à débattre de leur respect.

Pourquoi cette évolution ? Internet, les nouvelles législations et l'intérêt croissant des médias ont renforcé considérablement la transparence au sein de la société et des entreprises. Je ne crois pas que les comportements des entreprises soient pires aujourd'hui qu'autrefois, c'est même sans doute l'inverse, mais actuellement on ne peut plus rien dissimuler. Les exigences du public envers le monde des entreprises ont également évolué. Payer des impôts et créer des emplois ne sont plus suffisants. On attend également d'elles qu'elles s'engagent plus fortement dans la vie de la société.

Les entreprises ont-elles évolué au diapason de la société ? Sans doute pas suffisamment, car il n'y aurait pas dans ce cas une telle préoccupation des médias et des autorités. Quelle en est la raison ? S'agit-il simplement d'un problème de morale et d'éthique chez les dirigeants ? Est-ce parce que le système est ainsi fait (la législation, la structure des entreprises et leur gouvernance) ? Est-ce la pression sur les résultats et les compétences (ou l'incompétence) des dirigeants ? Ou bien sommes-nous en face de visions complètement différentes des objectifs des entreprises ? Quel devrait être l'objectif premier des entreprises : maximiser la richesse des actionnaires (et des dirigeants), point de vue semble-t-il dominant dans le monde économique, ou contribuer de manière plus significative à l'amélioration de la société ? Ces deux objectifs ne peuvent-ils pas être réalisés dans l'intérêt à la fois des entrepreneurs et de notre société dans son ensemble ?

Les chances que la tendance s'inverse et que la société accepte le vieil adage « The business of business is business » (l'unique objet de l'entreprise est de faire du profit) sont à mon avis très faibles. L'écart entre riches et pauvres se creuse dans de nombreux pays occidentaux, la lenteur des progrès pour éradiquer la pauvreté dans les pays en voie de développement, le risque croissant des catastrophes écologiques, et les exemples de plus en plus nombreux d'implication de certaines entreprises dans les problèmes de société : tout cela concourt à renforcer la pression sur le monde des entreprises pour qu'elles jouent un rôle de plus en plus significatif dans l'évolution de notre société. Les syndicats, les ONG, les médias, les pouvoirs publics maintiendront la pression pour que cela change.

Que signifie « contribuer de manière plus significative à l'amélioration de la société » ? Pour beaucoup d'entreprises, « être bon » signifie maximiser la richesse des actionnaires. Selon celles-ci, ce processus entraîne la création d'emplois, le versement d'impôts et par conséquent, une plus grande contribution de l'entreprise à la société. Quelques actions sociales ou environnementales permettent de montrer les bonnes intentions de l'entreprise, mais l'essentiel, la priorité, reste l'enrichissement des actionnaires et, souvent, des dirigeants. Comme l'a si bien exprimé Charles Handy, « le capitalisme repose sur des personnes qui travaillent dur pour en enrichir d'autres, dans l'espoir, souvent fallacieux, qu'elles s'enrichiront à leur tour. La croissance consiste à rendre des gens envieux d'autres pour qu'ils désirent ce que les autres possèdent ».

Une vie bien vide, selon moi. Je pense que la plupart des gens sont motivés et heureux si leur travail a un plus grand sens. Le sens, quand il se rapporte au travail, se réfère à la création de valeurs durables et à faire le bien aux autres. Il ne s'agit pas là d'une argutie sémantique, mais d'une question morale.

Contribuer à améliorer la société peut avoir plusieurs significations, mais à mon avis, cela doit comprendre une approche plus équilibrée tenant compte de toutes les parties prenantes : actionnaires, salariés, clients, fournisseurs et employés des fournisseurs, ainsi que la communauté et la société dans son ensemble. Des objectifs plus importants, comme la lutte contre la pauvreté ou la criminalité ainsi que l'amélioration de l'environnement ou davantage d'égalité, devraient être mieux pris en compte lorsqu'on définit la mission des entreprises.

Une entreprise qui paraît sincère en poursuivant ce type d'ambitions attire les meilleurs employés parce que ces derniers ne se satisfont pas d'un simple salaire. Nous savons tous que l'on accomplit les meilleures performances lorsqu'on a les meilleurs collaborateurs. Il s'agit donc par conséquent d'un bon moyen de satisfaire les actionnaires.

On pourrait débattre indéfiniment de l'œuf et de la poule dans ce cycle, mais il me semble possible de contribuer à la fois à l'amélioration de la société et d'atteindre les objectifs financiers classiques (maximisation de la valeur pour les actionnaires). Des sceptiques vont sans doute dire que des compromis et des conflits d'intérêts ne déboucheront pas en faveur des actionnaires dans ce processus. Ces coûts et investissements supplémentaires sont très tôt visibles dans les comptes financiers alors que les gains attendus, c'est-à-dire les résultats sur la motivation des employés, la fidélisation des clients, les relations avec les fournisseurs et les médias, etc., sont à long terme et difficiles à évaluer. Plus les perspectives de l'entreprise sont définies sur le long terme, plus le retour sur investissement de votre engagement sociétal risque de produire des bénéfices.

Une des raisons majeures pour lesquelles j'ai décidé de rester chez IKEA pendant vingt-six ans était que jamais je n'ai eu le moindre doute sur la sincérité des bonnes intentions de l'entreprise. Bien évidemment, IKEA veut être professionnelle et réaliser d'excellents résultats, mais jamais ce n'était une fin en soi. L'ambition sociale de l'entreprise est authentique. Aujourd'hui, je suis profondément convaincu que c'est cette ambition, combinée avec un mode de fonctionnement particulier qui explique la réussite d'IKEA. Pendant la décennie 1999-2009, la croissance moyenne annuelle du chiffre d'affaires était de 11 %.

Le résultat d'exploitation dépassait 10 % du chiffre d'affaires tous les ans. Les prix de vente ont été réduits de 20 %. L'effectif s'est renforcé de 70 000 personnes. IKEA se retrouve en excellente position dans différents classements : notoriété, innovation, respectabilité, responsabilité sociétale des entreprises (RSE) et meilleur employeur. Je ne veux pas me vanter de tout cela, le seul point important sur lequel je veux insister est qu'il est possible d'allier excellentes performances et responsabilité sociétale, et ainsi s'attirer la confiance du grand public.

L'objectif de ce livre n'est pas de raconter l'histoire d'IKEA, mais de prendre l'entreprise comme exemple afin de mettre en lumière quelques-unes des conditions préalables pour toute entreprise qui ambitionne d'atteindre à la fois des objectifs quantitatifs classiques comme le profit ou la croissance du chiffre d'affaires et de contribuer à l'amélioration de la société, au sens large. Peut-être ceci servira-t-il, fût-ce modérément, à pousser plus d'entreprises à élargir leurs perspectives et à améliorer ainsi la confiance du grand public envers le monde des entreprises.

Ce livre n'est pas non plus consacré à Ingvar Kamprad, le fondateur d'IKEA pour qui j'ai la plus grande admiration. Ingvar est d'une importance capitale pour l'entreprise, mais tout ou presque a déjà été écrit à son sujet, et en tous les cas je ne pense pas que je puisse ajouter une contribution significative en la matière. Le sujet de ce livre n'est pas non plus Anders Dahlvig, ou en tout cas j'espère qu'il ne sera pas perçu comme tel. Ce n'est pas un livre portant sur les personnes au sein de l'entreprise. Ce qui m'intéresse plutôt, c'est de transmettre les enseignements que l'on peut retirer du cas IKEA, tels que je les conçois.

Je dédie ce livre, à mes nombreux amis et collègues chez IKEA. Dans l'ombre d'un fondateur aussi fort et important qu'Ingvar Kamprad, j'ai toujours pensé que les nombreux collègues, tous fantastiques, dévoués et compétents, avec lesquels j'ai eu le privilège de travailler, devraient recevoir plus de mérites qu'ils n'en ont eus dans les réussites d'IKEA. C'est le plus grand secret du succès de l'entreprise.

CHAPITRE 1

Les quatre pierres angulaires d'une entreprise performante

Quelles sont les conditions préalables pour que les entreprises du secteur de la distribution puissent créer de la valeur au sens large, c'est-à-dire aussi bien du point de vue financier que social ?

- Une vision avec une ambition sociétale, combinée à des valeurs fondamentales fortes. C'est le fondement même de l'entreprise, ce qui dicte qui vous êtes et comment vous agissez en termes de décisions, de comportements et de stratégies. En vous donnant des valeurs fortes et une vision comprenant une ambition sociétale, non seulement vous renforcerez votre rentabilité mais vous gagnerez également le respect et la confiance de la société dans son ensemble.
- Un *business model* (qu'est-ce que l'entreprise fait, et comment elle le fait ?), dans lequel la gamme de produits et les prix sont les principaux éléments qui vous différencient de vos concurrents.

Cela s'effectue par le contrôle de l'intégralité de la chaîne de valeur par l'entreprise, de la conception du produit jusqu'aux magasins, en passant par la production.

- Être le numéro un en part de marché, avec une présence équilibrée sur plusieurs marchés à l'international, ce qui détermine les objectifs de croissance à court et à long terme de l'entreprise. Pour limiter les risques et tirer profit des croissances futures, l'entreprise doit être présente aussi bien sur des marchés matures que sur des marchés à fort potentiel de croissance.
- Un propriétaire déterminé à la tête de l'entreprise, garant de facteurs de succès comme la détermination d'une orientation à long terme, une prise de risque optimale, ainsi que le développement de racines, d'une mission et de valeurs fortes.

Tous ces points seront revus en détail dans la suite du livre. IKEA sert de cas d'entreprise dans cet ouvrage, mais mon analyse s'applique, à mon sens, également au secteur de la distribution. J'ose même penser que certains concepts comme la vision, les valeurs et la structure du capital ont une portée plus générale et sont pertinents dans n'importe quel secteur. Bien évidemment, le lecteur se fera sa propre idée sur ce qui est susceptible de l'intéresser. Il remarquera également que les quatre points sont interdépendants. La vision, les valeurs et le contrôle de l'entreprise par le propriétaire affectent profondément le *business model* et le plan de développement à l'international. Ce sont également des facteurs indispensables pour passer d'une entreprise simplement rentable à une organisation qui contribue à l'amélioration de la société.

Dans la première section (chapitre 2), je soulignerai l'importance de la vision et des valeurs en mettant en lumière l'objectif de l'entreprise. Quelles sont les raisons de l'importance de la vision et des valeurs, et en quoi affectent-elles l'organisation ?

Dans la deuxième section (chapitre 3), je traiterai de ce que l'entreprise fait réellement et comment elle est dirigée. Cela comprend l'élaboration du *business model* et de ses composantes telles que la gamme de produits, la chaîne d'approvisionnement et les magasins. Nous verrons comment gérer la transformation d'une petite entreprise en un groupe de taille mondiale et bâtir une organisation qui puisse soutenir l'ensemble de la chaîne de valeur, depuis la conception du produit jusqu'à la vente en magasin, en passant par la production et l'approvisionnement.

La troisième section (chapitre 4) traitera de l'étendue géographique de l'entreprise. Sur quels marchés l'entreprise doit être présente, et quels sont les différents défis et stratégies pertinentes pour les entreprises de taille mondiale ?

Dans la quatrième section (chapitre 5), nous étudierons en quoi la structure du capital a une influence sur la réussite du développement des entreprises.

Dans le chapitre 6, Il s'agit plutôt d'une réflexion plus personnelle sur le rôle du PDG.

Enfin, le chapitre 7 sera l'occasion de résumer les principales idées du livre et de donner mon opinion sur les perspectives de développement pour les entreprises qui vont dans cette direction.

L'histoire d'IKEA servira à illustrer ce que je considère comme les quatre pierres angulaires de la réussite dans le secteur de la distribution. Le lecteur aura également par conséquent un aperçu des modes de fonctionnement de cette entreprise.

IKEA a été créée dans la petite cité suédoise d'Älmhult en 1943. Ses soixante-sept premières années d'existence, jusqu'en 2010, peuvent se résumer en trois périodes distinctes :

- Le développement d'un *business model.*
- Le développement d'une vision et de valeurs ainsi que l'expansion en Europe.
- La transformation en géant mondial de la distribution.

La première période recouvre les trente premières années, de 1943 à 1972. C'est pendant ce temps-là que le *business model*, les valeurs fondamentales et les éléments les plus importants du projet ont été créés. En d'autres termes, cette phase a mis en place les fondations sur lesquelles l'entreprise continue de prospérer. Le chiffre d'affaires atteignait alors 40 millions d'euros.

La deuxième période, de 1973 à 1998, était celle pendant laquelle a été formulée la vision de l'entreprise (en 1976) et a établi l'importance d'une culture d'entreprise forte dans un contexte international. Les implantations des points de vente étaient alors majoritairement européennes, tandis que l'approvisionnement était déjà mondialisé. Des 27 marchés sur lesquels IKEA est aujourd'hui (2010) présente, 19 se sont ajoutés pendant cette période (vingt-cinq ans). 3 existaient antérieurement (Suède, Danemark et Norvège), et 5 ont été ouverts plus tard. Le chiffre d'affaires s'élevait à 6,5 milliards d'euros en 1998.

La troisième période a commencé en 1999 et se poursuit encore de nos jours. Pendant cette phase, IKEA s'est lancée avec détermination dans une mutation, passant d'une « petite » entreprise familiale à un géant de taille mondiale, efficient (pour le meilleur ou pour le pire). Dans la décennie 1999-2009, le chiffre d'affaires a triplé de 7 milliards à 21,5 milliards d'euros.

CHAPITRE 2

Une vision avec une ambition sociétale et des valeurs fondamentales fortes

La vision

Si vous lisez les journaux et regardez la télévision, vous pourrez aisément croire que les seules choses qui comptent dans le monde des entreprises sont le prix de l'action, les stocks options et les primes des dirigeants, que celles-ci n'existent qu'à seule fin d'enrichir leurs actionnaires et leurs dirigeants.

Il n'y a rien de mal à ce qu'une entreprise crée de la richesse pour ses actionnaires et ses dirigeants, mais les entreprises ne devraient-elles pas avoir de plus grandes ambitions ?

Les entreprises, plus que tous autres organismes peuvent améliorer de façon concrète la vie des gens, réduire la misère, protéger l'environnement et améliorer le niveau de vie du plus grand nombre. La plupart des gens ont plus d'ambition que de simplement gagner leur vie, subvenir aux besoins de leur famille et de vivre l'instant présent. En se donnant une mission plus vaste que de simples objectifs financiers, les entreprises peuvent donner un plus grand sens à la vie et au travail de leurs employés, ce à quoi ces derniers aspirent. Les entreprises qui ont une ambition sociétale et qui la mettent en œuvre vont aussi découvrir d'autres opportunités d'affaires parce qu'elles auront le respect et la confiance de la société dans son ensemble. Elles seront aussi plus attrayantes sur le marché de l'emploi, et pourront ainsi recruter, motiver et garder les meilleurs éléments.

IKEA est une illustration de ce type d'entreprise. Sa vision forte, avec une ambition sociétale, est l'une des plus grandes forces de l'entreprise. Cette vision a été formulée et publiée en 1976 dans une brochure intitulée *The Testament of a Furniture Dealer* (Le testament d'un marchand de meubles).

Ingvar Kamprad explique dans ce « testament » comment la plupart des produits esthétiques et des articles de qualité sont exclusivement destinés aux riches. Il expose en quoi IKEA veut changer cet état des choses et permettre aux personnes à revenus modestes d'avoir accès à des meubles avec un excellent design et de bonne qualité.

Dans ce texte publié en 1976, le fondateur d'IKEA développe ainsi sa vision :

> « Dans tous les pays et systèmes sociaux, en Europe de l'Est aussi bien qu'à l'Ouest, une part démesurée de l'ensemble des ressources sert à satisfaire une minorité de la population. Dans notre secteur d'activité, par exemple, trop de nouveaux produits au design magnifique ne sont accessibles qu'à un petit groupe de personnes aisées. Le but d'IKEA est de corriger cette situation. »

Nulle part je n'ai vu de vision mieux formulée. Pour l'organisation, elle est à la fois incroyablement motivante et définit une direction claire. Cette vision est une source constante d'inspiration pour tous les salariés d'IKEA et elle est d'une importance majeure lorsqu'il s'agit de recruter et de garder les bons collaborateurs.

Comment cette mission, « améliorer le quotidien du plus grand nombre », se manifeste-t-elle au sein d'une organisation comme IKEA ? Dans quelles mesures influence-t-elle les prises de décision, les stratégies et le comportement de l'entreprise ?

La philosophie des prix est sans doute l'exemple le plus flagrant. Tout est mis en œuvre afin de réduire le prix de vente et de rendre les articles accessibles pour un nombre croissant de personnes. Le principe du modèle financier adopté par l'entreprise pour générer des bénéfices est en accord avec cette vision. Des prix plus bas ont pour effet plus de ventes, ce qui, en parallèle avec une maîtrise des coûts pour qu'ils soient les plus bas possibles, crée de bons résultats financiers. À la différence de beaucoup de grands distributeurs, IKEA ne se focalise pas sur l'amélioration de la marge brute, et porte plutôt tous ses efforts sur la réduction des coûts d'achat des produits. Les gains ainsi obtenus ne sont toutefois pas destinés à accroître la marge bénéficiaire, mais sont plutôt répercutés dans les prix de vente, bénéficiant en priorité à la clientèle. Ce *business model* est complètement différent de la plupart de ceux des autres entreprises de la grande distribution. Lorsque les objectifs prioritaires d'une entreprise sont le résultat financier et l'enrichissement des actionnaires, l'essentiel de l'action semble se porter sur l'amélioration de la marge brute. Tous les efforts se portent sur la construction d'une marque forte dont l'excellente notoriété justifie un prix fort. La stratégie de prix se limite donc à surveiller ce que font les concurrents et à baisser le moins possible les prix. Réduire les coûts d'achat permet alors d'augmenter les marges et ainsi les profits.

Une autre illustration de cette vision se concrétise dans l'accent mis sur la conception des gammes de produits et leurs fonctionnalités. L'élaboration de produits qui améliorent la vie quotidienne est bien plus importante que les designs stylés, et c'est la raison pour laquelle IKEA est particulièrement forte dans la création de produits de rangements et de meubles pour les personnes vivant dans de petits appartements.

Autre illustration : la conviction que les gens ont plus de temps que d'argent. Plus le client s'implique dans le processus de vente, moins le prix du produit sera élevé. Tout le système de commercialisation repose sur l'intégration du client dans le système de distribution. Le client choisit le produit, le prend, le paie à la caisse, le transporte et l'assemble lui-même. Cela permet à IKEA de conserver des coûts bas et donc de réduire davantage les prix. Ce principe est souvent mis à l'épreuve lorsqu'on introduit de nouveaux services, mais une idée constante est que le client qui veut davantage de services doit payer plus. Celui qui choisit de tout faire lui-même profite de meilleurs prix. Cela permet à ceux qui ont des ressources financières limitées d'avoir accès aux produits IKEA.

L'alignement de la politique générale et de la vision se retrouve également dans la stratégie d'expansion. IKEA a très vite lancé des projets de grande distribution en Russie et dans les pays de l'Est. Même si les opportunités sur les marchés émergents ont toujours intéressé les entreprises, je suis convaincu que la vision, qui consiste à aider les moins favorisés, a joué un rôle important dans le lancement de ces projets parfois très risqués.

Les actions environnementales et sociétales ont pris une place de plus en plus importante, au cours des dernières années. De nombreuses entreprises ont eu et ont encore des difficultés à faire accepter en interne des actions dans ces domaines. Même si IKEA n'a pas été épargnée par certaines de ces difficultés, il m'a toujours semblé que la plupart des dirigeants et employés étaient fortement déterminés à s'impliquer dans ces actions, si difficiles soient-elles. La vision a été un élément décisif dans l'acceptation de cette nécessité d'une plus grande contribution environnementale et sociétale, qui entre tout à fait dans le cadre de la vision d'amélioration du quotidien du plus grand nombre. Son fondateur disait que la croissance est un devoir d'IKEA. Croître ne signifie pas devenir le plus grand ou le meilleur, ou rendre les actionnaires et les dirigeants encore plus riches. C'est au contraire améliorer le quotidien du plus grand nombre.

De nombreuses entreprises tentent de formuler une vision avec une ambition sociétale. Le défi consiste à crédibiliser cette vision. Je crois que celle d'IKEA est crédible, et le fait que la société ne soit pas cotée en Bourse est un argument important pour asseoir cette crédibilité. IKEA n'a pas en effet à faire face à un conflit potentiel entre la maximisation du profit pour les actionnaires et la réalisation de la vision. Mais il est encore plus important à mes yeux de souligner que la crédibilité d'IKEA repose sur le fait qu'elle fait ce qu'elle dit, et ce aussi bien au niveau des produits et de la gamme des solutions d'ameublement que des prix bas et du comportement des employés.

Dans le cas d'IKEA, il a fallu trente ans pour formuler cette vision (1976), et dans l'idéal il faudrait que la vision et les valeurs d'une entreprise soient définies très tôt dans son histoire.

Une vision et des valeurs conçues avec une réelle intention de les appliquer auront une influence fondamentale dans la direction, les stratégies, les décisions et le comportement d'une entreprise. Et surtout, elles motiveront tous ses employés. Elles favoriseront la création d'une relation avec la clientèle et permettront à l'entreprise d'être respectée par la société dans son ensemble. Je ne suis pas sûr que toutes les entreprises comprennent l'importance de ce facteur dans la réussite et la notoriété de leur organisation.

Voyons à présent quelques idées et exemples d'engagements qui pourraient contribuer à cet objectif d'une amélioration pour la société.

Une culture d'entreprise forte

Toutes les entreprises de la grande distribution se retrouvent aux prises avec un problème : comment recruter et retenir les employés performants ? Cela comprend notamment la question du taux élevé de renouvellement du personnel et du débauchage des meilleurs cadres par les chasseurs de têtes ainsi que le problème plus général du travail dans le secteur de la grande distribution, connu entre autres pour ses horaires importants, sa charge de travail considérable et ses salaires modestes.

Quels sont donc les facteurs décisifs pour les cadres et les employés lorsqu'ils cherchent un emploi ou veulent rester chez le même employeur ? L'argent ? Est-ce que l'on peut recruter et conserver les gens en offrant les salaires les plus élevés ? Tous les débats sur les primes et les stock-options donnent l'impression qu'en effet, ce qui compte, c'est de gagner plus d'argent.

Offrir les rémunérations les plus élevées du secteur est à mon avis une voie très périlleuse. Vous risquez d'attirer principalement des personnes motivées par l'appât du gain, et il y a de fortes chances pour que ce genre de personnes vous abandonne à la première occasion pour gagner davantage ailleurs.

La plupart des études montrent que les facteurs qui comptent le plus pour la plupart des gens sont la sécurité de l'emploi, la reconnaissance sociale, un sentiment d'appartenance, les perspectives d'évolution et les conditions de travail. Le salaire est en général beaucoup plus bas sur la liste, à condition qu'il soit perçu comme raisonnable et équitable. Si l'on considère la grille salariale d'IKEA, on peut constater qu'elle se situe dans une position moyenne. Le salaire doit être équitable, mais il ne doit pas être la principale raison qui fait qu'on choisit de travailler pour une entreprise donnée.

En ce qui concerne les formes de rémunération, je suis plus favorable au salaire fixe qu'aux formules mélangeant fixe, variables et actionnariat salarial. Je suis en faveur de l'implication des actionnaires dans la vie de l'entreprise, et donner aux employés la possibilité de participer au capital de l'entreprise est donc une très bonne chose. Malheureusement, les participations sous forme d'actions ou de stocks options ne correspondent pas souvent à cette ambition, parce qu'elles sont soit trop généreuses soit sont orientées à trop court terme. Le niveau souvent limité de l'investissement dans l'actionnariat de la part du salarié, combiné avec une durée souvent courte du programme (trois ans en général), est susceptible de faire oublier les objectifs : un engagement, une orientation et des actions à long terme. Les primes peuvent se justifier lorsqu'on souhaite que des collaborateurs ou l'organisation dans son ensemble se concentrent sur une tâche spécifique. Dans ce cas, à mon sens, il ne faut pas que les primes annuelles dépassent l'équivalent de trois à quatre mois de salaires. L'alternative consiste à mettre en place un large programme dans lequel idéalement tous les employés, ou, si ce n'est pas possible, au moins un groupe d'employés significatif, ont la possibilité de participer à la réussite de l'entreprise. Il s'agira alors d'une compensation raisonnable qui permet à la fois de reconnaître le rôle des employés et de leur montrer que lorsque l'entreprise réalise de bonnes performances, l'employé partage également ce succès.

Donner des primes et stocks options trop élevées aux cadres supérieurs présente trop d'inconvénients. Il y a le risque de créer un fossé entre ces derniers et les employés, qui vont se plaindre que leurs salaires soient constamment sous pression tandis que les dirigeants, ou cadres supérieurs, eux, ont droit à des rémunérations excessives. Faire de l'argent le principal facteur de loyauté des cadres est toujours risqué. Il est de plus en plus prouvé que l'instauration d'importantes primes et de gros intéressements conduit à des stratégies et actions à très court terme, et nous avons vu aussi les conséquences d'une telle orientation non seulement sur le secteur financier mais également sur de nombreuses entreprises. Des primes trop importantes conduisent également à une perception négative de l'entreprise de la part des clients, des médias, des autorités et des autres parties prenantes.

Il n'est certes pas toujours facile pour une entreprise de sortir d'un tel système de rémunération lorsque cette pratique est devenue générale. Néanmoins avec une participation forte du propriétaire, les rémunérations tendent à rester à un niveau plus modéré sans que l'entreprise ne perde ses meilleurs éléments.

Les grosses entreprises à forte notoriété disposent de facteurs d'attractivité qui travaillent en leur faveur. Être une marque très connue est un avantage. Une présence à l'international multiplie les perspectives d'évolution de carrière. La plupart des entreprises font de gros efforts pour former leurs employés et leur donner davantage d'opportunités, renforcer les compétences de leurs cadres en terme de leadership, améliorer les conditions de travail et les avantages sociaux afin de les garder et de les motiver. Toutes les entreprises de la grande distribution le font, même si certaines le font mieux que d'autres.

Lorsqu'on parle d'attirer et de motiver les bons collaborateurs, pour moi, l'une des clés du succès est une culture d'entreprise forte. Une culture d'entreprise, en d'autres termes tout simplement « la manière de faire les choses », des principes et des valeurs plus ou moins informels, liés à la vision et au projet de l'entreprise. Les entreprises qui développent et cultivent leur propre identité, leur propre culture d'entreprise, en créant des valeurs, normes et règles informelles qui leur sont propres, possèdent un avantage indéniable. Une culture d'entreprise forte crée un sentiment d'appartenance et de camaraderie, qui à son tour engendre sécurité et force, et finalement va apporter efficience et réussite.

Travailler dans une entreprise prospère dont on apprécie la culture signifie que l'on considère le travail comme ayant d'autres fins qu'alimentaires. C'est une question de qualité de vie.

Une culture d'entreprise forte renforce la cohésion entre collaborateurs, les touche personnellement et affecte leurs relations entre eux et avec leur entourage. Si la culture promeut des principes moraux et éthiques clairs, cela guide le comportement des collaborateurs. Elle constitue un garde-fou plus solide contre la corruption, la triche et toute autre attitude déviante que les directives ou autres obligations légales.

Une culture d'entreprise forte accorde donc à l'organisation un avantage concurrentiel sur le marché de l'emploi lorsqu'il s'agit de recruter et de conserver les meilleurs éléments. Elle peut également être précieuse pour créer une loyauté et une crédibilité vis-à-vis des clients et des autres partenaires.

Penchons-nous à présent sur quelques exemples venant de la culture IKEA. Quelles sont les valeurs et l'éthique de cette culture ? Et comment influencent-elles la capacité de l'entreprise à attirer et à garder les bons collaborateurs ?

La simplicité dans le comportement – Ce point se réfère à l'attitude et au comportement des uns envers les autres, au respect qui existe entre les employés, au-delà du titre de chacun. Il se réfère à la suppression des barrières visibles et invisibles entre les cadres et les employés. Les gens s'appellent par leurs prénoms. Le même style vestimentaire informel a été adopté par tous. Les salariés de tous niveaux déjeunent ensemble à la cantine, voyagent de la même manière lorsqu'ils sont en déplacement professionnel. IKEA vise à éliminer tous les symboles de statuts et à instaurer une relation de confiance entre employés et cadres. C'est ce qui fait la différence pour beaucoup d'employés et engendre une loyauté qui pousse à demeurer chez IKEA. C'était par exemple l'une des clefs de la réussite et l'un des éléments de différenciation lorsque IKEA est arrivé en Allemagne dans les années 1970 et 1980 (ainsi qu'on le verra par la suite).

Délégation et acceptation de responsabilité – IKEA prend soin de donner beaucoup de responsabilités aux personnes très tôt dans leur carrière. Pour moi, ce fut une expérience très importante qui a créé un lien très fort avec l'entreprise. Il existe également une volonté d'établir un climat dans lequel les directeurs des magasins et leurs équipes partagent un sens d'appartenance très fort envers leurs magasins, car ils sentent réellement qu'ils peuvent influencer et développer l'activité. Beaucoup de directeurs de magasins reçoivent fréquemment des offres de débauchage de la part d'entreprises concurrentes, le plus souvent avec des propositions salariales beaucoup plus élevées, et pourtant très peu quittent IKEA. Un grand nombre d'entre eux affirment que la principale raison de leur décision de rester est le sentiment d'appartenance à leur magasin.

Oser être différent – L'enthousiasme pour tester de nouvelles solutions au lieu de recourir aux bonnes vieilles recettes. Même si l'essentiel du travail quotidien des employés est fait de routine et d'exécution d'ordres, IKEA encourage l'adoption de nouvelles solutions qui donnent à chacun l'occasion de participer au développement de l'activité et au changement. Nous découvrirons plus loin qu'oser être différent a guidé quelques-uns des développements les plus importants du *business model* au début de l'entreprise.

Se confronter à la réalité – Comprendre les détails d'une activité est un élément important des valeurs. Les cadres doivent avoir l'expérience du bas de l'échelle et avoir passé du temps en magasin et chez les fournisseurs. IKEA a ce qu'on appelle « des semaines antibureaucratiques » pendant lesquelles chacun est encouragé à quitter son poste habituel et à passer du temps à travailler en magasin afin de mieux comprendre les réalités des clients et des employés. Je crois que cette importance accordée à l'enracinement dans l'activité est l'une des raisons pour lesquelles IKEA a eu énormément de mal à recruter des cadres supérieurs en externe. Vous ne serez pas pleinement accepté dans l'organisation à moins que vous ne soyez au fait des moindres détails de l'activité. Je suis moi-même convaincu que l'on doit être un spécialiste avant de devenir un généraliste. On est un meilleur cadre si l'on est très compétent dans un ou plusieurs domaines importants pour l'activité.

Le souci constant du niveau des coûts – Aucune description d'IKEA ne serait complète sans mentionner l'attention particulière accordée aux prix. Une grande partie des énergies est consacrée à garder la maîtrise des coûts dans les actions et comportements au quotidien. Tous les employés ont la possibilité d'y prendre part. L'importance de ce point ne tient pas uniquement aux économies des coûts en interne. Une entreprise doit faire ce qu'elle dit pour être crédible, lorsqu'elle négocie avec ses fournisseurs l'importance d'une réduction des prix d'achat dans le but de renforcer sa compétitivité et pour réduire davantage les prix de vente. Pour être crédible auprès des clients dont elle veut améliorer la vie quotidienne, l'entreprise doit démontrer qu'elle oriente tous ses efforts dans ce sens. Enfin, pour être crédible dans ses efforts environnementaux, elle doit montrer qu'elle fait tout pour utiliser le moins de ressources possible. Le souci de garder un niveau bas de coûts va donc bien au-delà de la simple réduction des coûts d'exploitation.

On me demande parfois s'il s'agit là de valeurs typiquement suédoises ou de styles de management typiquement suédois. Les valeurs d'IKEA sont d'abord et avant tout celles du fondateur, Ingvar Kamprad. Bien évidemment, ce dernier a été éduqué et influencé par la société suédoise et ses traditions, et d'une certaine manière ses valeurs sont probablement un reflet de la nature suédoise. Différents aspects d'IKEA sont assez communs en Suède. Prenez par exemple l'humilité, le fait de ne jamais parler de ses succès ou de s'en vanter, de se concentrer sur ses faiblesses plutôt que de célébrer sa réussite, la simplicité, la recherche de l'élimination des symboles et des statuts ainsi que la volonté de traiter chacun d'une manière égale, sans distinction de titre. De nombreux Suédois ont grandi pendant une période où la Suède était la plupart du temps dirigée par un gouvernement social-démocrate et où l'égalité était au premier plan de la politique suédoise. Déléguer et accepter des responsabilités, remettre en cause l'autorité, qu'il s'agisse de parents ou d'enseignants, sont des attitudes encouragées dès l'enfance, en Suède. Penser par soi-même et prendre des initiatives font partie de l'éducation. Donner et accepter des responsabilités est donc une chose naturelle pour de nombreux Suédois.

Qu'est-ce qui fait que les valeurs d'une entreprise sont devenues ce qu'elles sont ? Dans la plupart des cas, il s'agit probablement d'une combinaison entre les besoins de l'activité et les valeurs fondamentales du fondateur et de l'environnement dans lequel il a été élevé.

Les valeurs constituent une assise très forte, et il faut du temps pour qu'elles imprègnent totalement une grande organisation. La continuité est donc importante. Cela ne doit cependant pas empêcher les entreprises de réexaminer les composantes de sa culture de temps en temps, pour vérifier si elles sont toujours pertinentes par rapport à l'activité et à la nouvelle génération d'employés.

Ainsi les valeurs liées aux engagements sociaux et environnementaux, et la croyance en l'égalité (en même temps que la diversité), ont pris de plus en plus d'importance auprès des clients, des cadres et des employés au cours des dernières années.

Revenons à l'exemple d'IKEA. L'entreprise semble être performante lorsqu'il s'agit d'attirer et de recruter des collaborateurs de qualité. Sur les cinq dernières années, elle s'est classée en première position des classements des employeurs les plus attractifs pour les étudiants et les cadres suédois. Dans les autres pays, elle est fréquemment classée dans le top 15. Chaque ouverture d'un magasin entraîne jusqu'à 10 000 candidatures, et ce, avec sans ou très peu de campagne de recrutement. Le *turnover* du personnel varie bien évidemment en fonction du pays, mais il est souvent en dessous de 5 % pour les cadres et va de 4 % à 35 % pour les employés. Des études internes ont montré que 75 % des employés recommanderaient IKEA en tant qu'employeur et 70 % sont satisfaits de leur emploi la plupart du temps. Je suis sûr que la culture d'entreprise d'IKEA joue une part très importante dans ces chiffres.

L'exemple que je vais donner ci-après, tiré de l'histoire IKEA, démontre bien comment les valeurs de l'entreprise ont influencé son développement.

En 1973, après trente années d'existence, IKEA détenait 7 magasins et réalisait un chiffre d'affaires d'environ 40 millions d'euros. Peut-être pensez-vous que cela laisse une grande marge à l'entreprise pour poursuivre son développement en Suède, et peut-être même en Norvège et au Danemark, pays qui disposaient alors chacun d'un seul magasin IKEA. Et pourtant, au cours des vingt-cinq années suivantes (1973-1998), l'entreprise adoptait une stratégie d'expansion résolue dans toute l'Europe. Dans ses documents internes, IKEA décrit comment a été prise la décision de tester le projet en Suisse. Ce choix a été fait parce que la Suisse était considérée comme le marché le plus difficile en Europe. On estimait donc que si IKEA s'imposait en Suisse, elle pourrait reproduire cette réussite sur tous les autres marchés européens. C'était le plan décidé, mais je ne sais pas précisément s'il s'appuyait sur des données fiables, et quelle était la détermination d'IKEA à évaluer cet essai.

Avec le recul, je pense que la Suisse n'était pas le marché le plus difficile, et on pourrait même affirmer le contraire. La concurrence se résumait à Pfister, une grosse entreprise d'ameublement très classique et très cher. Cela laissait une brèche grande ouverte pour des meubles scandinaves modernes très peu chers et avec un excellent rapport qualité-prix. À ce jour, la Suisse demeure l'un des pays européens offrant les marges brutes les plus élevées, ce qui donne également une indication sur la situation de la concurrence locale. Cette implantation en Suisse a été suivie d'une phase de développement rapide à travers l'Europe et au Canada. Au cours des dix années suivantes et jusqu'en 1983, IKEA est passée de 7 à 41 magasins et de 40 millions à 600 millions de CA, une croissance remarquablement rapide. L'essentiel de cette croissance venait de l'Allemagne et de la Suède : en 1973, la Suède représentait 80 % des ventes IKEA, et dix ans plus tard (1983), elle ne représentait plus que 22 % tandis que l'Allemagne est passée de pratiquement rien à 45 %, soit près de la moitié du chiffre d'affaires d'IKEA. Depuis, l'Allemagne n'a jamais abandonné cette position de marché numéro un d'IKEA.

Cette phase de développement a eu une importance très significative pour IKEA, non seulement en raison du niveau de cette croissance, mais surtout à mes yeux pour la manière dont elle a modelé l'entreprise.

Autant les valeurs que la culture IKEA ont été mises à l'épreuve dans ce nouvel environnement international en phase d'expansion. L'enseignement fondamental qui en est ressorti était l'importance de valeurs fondamentales fortes, communes et uniques dans une entreprise en forte croissance à l'international. L'autre enseignement important a été que la plupart des plus grands dirigeants d'IKEA ont fait leurs preuves dès les premières années de cette période, et ces dirigeants occupent toujours une place importante dans l'entreprise, aujourd'hui. La promotion basée sur le potentiel plutôt que l'expérience devenait ainsi une pierre angulaire de la philosophie de l'entreprise. Pendant cette période, IKEA acquérait aussi une solide confiance en elle quant à sa capacité à se développer à l'échelle mondiale et réalisait que les besoins et valeurs de base étaient étonnamment similaires dans chaque pays. Ceci a aidé par la suite à façonner le développement de la gamme de produits et la chaîne d'approvisionnement.

Deux fortes personnalités très différentes conduisaient pendant cette période l'expansion en Europe et le marché suédois (le marché domestique était en phase de maturité) : Hans Ax, qui a ouvert le premier grand magasin à Stockholm en 1965, était à la tête des marchés matures scandinaves ; et Jan Aulin, ancien assistant d'Ingvar Kamprad, conduisait l'expansion en Europe centrale. Chacun avait un style de management différent et parfaitement adapté à leurs challenges respectifs. La Suède jouait le rôle du parent adulte qui formulait analyses et stratégies mûrement réfléchies, développait le marché suédois grâce à de nouveaux projets de magasins, de nouvelles stratégies marketing et des investissements importants dans la formation et le développement. En Allemagne, la priorité était tout autre : il fallait ouvrir de nouveaux magasins le plus vite possible en reprenant le projet suédois. Les documents nécessaires à l'appui des décisions d'investissements pour ceux-ci se résumaient parfois à une carte dans une page arrachée des pages jaunes. Il arrivait que les sites d'implantation fussent déjà acquis avant que la décision soit prise au conseil d'administration. Il régnait alors une très grande confiance et un grand dynamisme.

Le développement en Allemagne est une très bonne illustration d'un petit outsider qui devient un géant. IKEA a immédiatement acquis une très forte notoriété et ce fut une grande réussite sur cet immense marché. Une partie du succès peut naturellement s'expliquer par son *business model* très différent, ainsi qu'on le verra dans le chapitre suivant, mais deux autres facteurs jouaient un rôle significatif. Le premier était le modèle marketing utilisé, très agressif et très différent (« l'audace de la différence »), et le second la culture IKEA.

L'expérience allemande illustre bien le rôle des valeurs d'une entreprise dans le succès d'une entreprise. L'effet de levier peut être considérable si vous savez l'exploiter au mieux. À l'inverse, les conséquences seront désastreuses si vous vous y prenez mal, comme nous l'avons vu lorsque Walmart a pénétré sur le marché allemand et a dû l'abandonner par la suite.

L'Allemagne, avec un environnement entrepreneurial très formel et tout en contrôle, était charmée par la simplicité du style suédois. Les cadres en jeans et T-shirts demandaient aux employés de s'adresser à eux comme s'ils étaient des amis proches (« simplicité dans le comportement »). Pas de chichis, pas d'avantages particuliers et une confiance énorme dans leur modèle et leur concept. Les clients ont beaucoup aimé la gamme de produits, apprécié les prix, le marketing « excentrique », les événements organisés dans les magasins, l'attitude du personnel et son comportement exigeant. Par contre, du fait de la rapidité de son expansion et du manque d'organisation, la qualité et la disponibilité des produits se révélaient insuffisantes. Bon nombre de clients allemands se souviennent encore avec affection de ces années si déterminantes, malgré les premières difficultés. Aujourd'hui, l'Allemagne est le deuxième marché domestique d'IKEA. Avec la Suède, elle forme l'ossature de l'entreprise.

J'ai rejoint IKEA en 1983, à l'âge de 26 ans. Après une période de découverte et une année passée en Suisse, je suis parti en Allemagne et suis devenu responsable des opérations et le dirigeant de l'équipe allemande. M'avoir promu à ce poste en dépit de mon expérience limitée était sans doute une décision beaucoup plus courageuse que de m'avoir offert le poste de PDG en 1999. En tout cas, j'étais plus anxieux à l'époque ! Cela m'a donné ainsi qu'à de nombreuses autres personnes ayant des expériences similaires la possibilité d'assumer des responsabilités dès nos premières années.

Les trois années que j'ai passées en Allemagne constituent l'une des périodes les plus importantes de ma vie chez IKEA. La courbe d'apprentissage était très pentue, et mon affection ainsi que ma loyauté envers l'entreprise se sont renforcées. Je ne pouvais imaginer travailler ailleurs après des débuts comme cela… Je me sentais chez moi.

Il est relativement facile de trouver des gens capables de réussir dans ce type d'environnement dans la plupart des pays. Il faut néanmoins admettre que dans certains pays, l'éducation, la religion, les normes et les valeurs sont complètement différentes de celles de l'Occident…

IKEA est fortement présente en Chine, aussi bien pour l'approvisionnement que pour la distribution. En généralisant un peu, je dirais que, dans la mentalité chinoise, les erreurs ne sont pas tolérées. On ne doit pas tenir tête aux supérieurs, le savoir est perçu comme un pouvoir, et le cadre doit le garder pour lui au lieu de le transmettre. L'accent est mis sur l'individu et non sur l'équipe, et il convient de garder une certaine distance entre cadres et employés. Autant de valeurs qui sont en contradiction avec la manière d'être d'IKEA.

Vous trouverez parallèlement en Chine une très grande curiosité et un fort enthousiasme. L'esprit d'entreprise y est très vivace. On y travaille dur. Il existe une volonté d'apprendre et de se développer. Bâtir une relation de confiance prend du temps, mais le résultat sera une confiance très solide. Et ce sont là des valeurs qui correspondent très bien à celles d'IKEA.

L'introduction de valeurs d'entreprises occidentales comme celles d'IKEA sur un marché comme le marché chinois nécessite une attention particulière. Il est important de reconnaître les différences entre la culture locale et les valeurs de votre entreprise. Vous devez comprendre comment les choses se font en Chine et aider les cadres chinois pour qu'ils puissent réussir également dans le contexte d'une entreprise « occidentale » ; exprimer très clairement les valeurs de l'entreprise ; vous montrer plus patient que d'habitude ; former et guider davantage les cadres chinois plus que d'habitude, parce que si vous réussissez en Chine, vous pourrez les promouvoir dans des postes de direction aussi bien en Chine que dans d'autres pays.

En 2010, IKEA avait un effectif de près de 125 000 personnes réparties dans 44 pays. Comment peut-on préserver et renforcer une culture d'entreprise dans une organisation en expansion travaillant avec autant de cultures différentes ?

D'abord, il est primordial de considérer la culture d'entreprise comme étant une des bases fondamentales de l'activité. Elle est aussi importante que la vision, le *business model* et les concepts clés.

La culture d'entreprise est le ciment qui lie toute l'organisation, qui crée un esprit de cohésion et qui rend l'entreprise différente des autres. Pour faire simple, elle est l'âme de l'entreprise. Préserver sa force doit donc être une préoccupation constante dans tout ce qui est entrepris.

Le processus de recrutement est basé sur les valeurs et pour tous les niveaux de l'entreprise. De même, lors de l'évaluation des cadres, les résultats illustrant les valeurs de l'entreprise doivent être pris en compte pour chaque promotion. IKEA recourt pour cela à différentes techniques d'évaluation, par exemple à l'aide d'une grille d'évaluation commune à tout le groupe, permettant aussi aux employés d'évaluer leur manager. En 2008, 70 % des employés ayant pris part à cette évaluation reconnaissaient que leur manager était un parfait exemple illustrant les valeurs d'IKEA. Cet outil permet ainsi d'identifier, de donner des retours d'expérience et d'améliorer le leadership pour ceux qui ont des scores faibles lors de l'évaluation.

La culture IKEA fait également partie intégrante de nombreux programmes de formation, notamment lors de l'intégration, ainsi que sur le leadership.

Ce qui compte, c'est que les dirigeants de l'entreprise illustrent et véhiculent les valeurs IKEA à travers leur comportement et leurs actions. Les cadres ayant de piètres résultats mais de bonnes valeurs doivent recevoir une deuxième chance. Ceux ayant d'excellents résultats et de mauvaises valeurs doivent être congédiés. Ce n'est qu'en étant intransigeant sur ce point que l'on montre concrètement à l'organisation, par des actions, l'importance que l'on accorde à la culture d'entreprise.

Il faut du temps et de la cohérence pour bâtir une culture d'entreprise forte. Il faut sans doute dix à vingt ans pour qu'elle fasse réellement partie de l'ADN de l'entreprise. La continuité dans la gouvernance de l'entreprise est un facteur important pour accomplir cet objectif. Dans le cas d'IKEA, le fondateur est toujours présent soixante-cinq ans après, et l'entreprise n'a connu que trois PDG pendant toute cette période, et ce toujours à travers des promotions internes. Les entrepreneurs ayant une approche à court terme sont à coup sûr désavantagés en terme de vision et de valeurs, de crédibilité et de motivation dans la compétition avec différents partenaires.

Je suis sûr que les entreprises qui ont bâti une culture d'entreprise forte et adaptée à leur activité disposent d'un avantage concurrentiel. La culture n'a pas pour seules conséquences d'apporter la clarté dans le comportement interne, d'aider à prendre les bonnes décisions et d'insuffler la motivation. Elle aide également l'entreprise à se façonner une identité forte avec ses clients et les autres parties prenantes, ce qui en retour constitue un avantage décisif lorsqu'il s'agit d'attirer et de garder les bons collaborateurs. Après tout, les produits que votre entreprise commercialise ne sont pas vos atouts sur le marché de l'emploi. Pour attirer les bons éléments, il faut avoir d'autres atouts : le sens du travail (la vision), les bonnes relations de travail (les valeurs partagées), la reconnaissance (une entreprise très respectée) et les opportunités de développement.

La diversité

En 1999, le nouveau PDG que j'étais a constitué son équipe dirigeante en promouvant deux femmes à des positions de cadre supérieur, l'une en tant que directrice d'IKEA en Suède, responsable de la gamme et de la chaîne d'approvisionnement, et l'autre en tant que directrice de la grande distribution en Amérique du Nord. Cela a provoqué des réactions très fortes au sein de l'entreprise. Jusque-là, l'encadrement supérieur d'IKEA était composé à 100 % d'hommes blancs, d'âge moyen, et tous suédois. Il semblait qu'il y avait un « plafond de verre » et procéder à ces nominations revenait à soulever le couvercle : une vague d'émotions s'en échappait. Il était clair que de nombreuses personnes compétentes au sein de l'entreprise ne se sentaient pas reconnues malgré la qualité de leur travail et avaient l'impression que l'entreprise était dirigée par un « club réservé aux hommes ».

La diversité en entreprise était, et est toujours, un sujet qui déclenche les passions. On progresse beaucoup trop lentement aux yeux de certains. Est-ce une question d'équité ou une question d'intérêt de l'entreprise, ou peut-être un peu des deux ? D'un point de vue purement *business*, il y a au moins quatre bonnes raisons pour promouvoir la diversité.

Orientation client : pour qu'une entreprise puisse comprendre ses clients, et également ses employés, l'équipe dirigeante doit refléter la diversité qui existe au sein de ces deux groupes. 70 % des clients d'IKEA sont des femmes, et les groupes ethniques minoritaires représentent une proportion importante des clients dans de nombreux magasins. Il est plutôt opportun que ces groupes soient représentés dans l'équipe dirigeante.

Prise de décision : si tout le monde pense la même chose, vous verrez peu de progrès. L'équipe dirigeante aura de meilleurs résultats si elle analyse les problèmes en partageant des points de vue différents. Une entreprise qui n'installerait aux postes de responsabilité que des personnes issues du même milieu aura certes des réunions très calmes et agréables, mais pas très productives.

Recrutement : aucune preuve scientifique prouve que les Suédois d'âge moyen seraient meilleurs que les autres dans le commerce d'articles d'ameublement. Les personnes ambitieuses en recherche d'emploi jugent les perspectives d'évolution au sein d'une entreprise en fonction de ce qu'elles observent. Les entreprises perdent ainsi un grand nombre de personnes compétentes quand elles ne mettent pas en avant le fait que chacune a d'égales opportunités en fonction de ses compétences.

Motivation : la reconnaissance est un facteur de motivation très puissant. La promotion, ou même la simple perspective de promotion, instaure une forte motivation. Il est donc très important que chacun sache que la philosophie de l'entreprise en matière de promotion est basée sur le mérite.

Le plus grand obstacle à franchir reste le préjugé. Très peu de gens admettront qu'ils ont des préjugés contre les femmes ou les minorités ethniques, pour ne citer que ces deux exemples, et pourtant, il s'agit à mon avis de l'obstacle le plus important. Il nous faut donc nous pencher sur les préjugés et, une fois que nous acceptons leur réalité, nous devons être prêts à changer. Le fait de sous-estimer ou d'ignorer ce problème est l'une des raisons qui explique la lenteur du changement au sein de nombreuses entreprises.

Que s'est-il passé chez IKEA ? La promotion de deux femmes à deux postes à haute responsabilité était un message fort. Cela a été suivi par des séminaires sur le leadership où les cadres de tous les secteurs d'IKEA se retrouvaient mélangés, avec pour objectif de promouvoir la cohésion. Désormais, une procédure d'évaluation des progrès en matière de diversité au sein des différents établissements a été mise en place. Quant à la question des objectifs, l'approche retenue a eu pour ambition que les équipes de management puissent refléter la diversité des clients et des employés d'IKEA, avec pour résultat une amélioration notable de la promotion des femmes dans la partie commerciale de l'entreprise. En 2008, 35 % des directeurs de magasins IKEA étaient des femmes contre 15 % quelques années auparavant. 30 % des directeurs pays et 50 % des directeurs adjoints pays étaient aussi des femmes. La proportion de Suédois dans les équipes de management en dehors de la Suède est tombée à 1 sur 6, alors qu'elle était de 1 sur 3 en 1999. La promotion de minorités ethniques n'a en revanche pas vraiment progressé.

J'ai la certitude que ce travail sur la diversité a permis d'améliorer la qualité et la motivation des équipes de management d'IKEA. Il faut toutefois souligner que dans ce domaine, le changement requiert une attention constante de la part des dirigeants, autrement il est voué à l'échec. Je ne suis pas personnellement en faveur d'une obligation légale de nommer davantage de femmes dans les conseils d'administration, ainsi que cela se fait par exemple en Norvège et en Suède. Les possibilités d'encourager la parité au sein d'une entreprise sont bien plus nombreuses au sein de l'encadrement qu'au sein des conseils d'administration. C'est là que les efforts doivent se porter, et sans l'intervention de la loi.

Qui voudrait travailler pour une entreprise qui n'est pas vue comme équitable et qui ne donne pas à tout un chacun une opportunité égale de réussir sur la base de ses compétences ?

Être une entreprise citoyenne et responsable est un autre argument en faveur du changement. La pauvreté est un problème social très important dans les pays occidentaux, et particulièrement au sein des minorités ethniques. La seule manière de commencer à régler ce problème est de créer des opportunités d'emploi pour ces groupes sociaux, et seul le monde des entreprises peut faire quelque chose. L'État peut certes accorder des aides et des allocations sociales, mais ce n'est pas la solution. Les emplois, et par cela j'entends de bons emplois et non des emplois payés au SMIC, sont la seule manière de combattre la pauvreté.

Un programme sociétal et environnemental

Si l'effort environnemental est vu prioritairement comme un coût, il y a de fortes chances pour qu'il soit limité au minimum : le strict respect de la loi, et peut-être au mieux quelques opérations de relations publiques, ainsi que des actions de réparation à la suite de crises. Les entreprises doivent voir l'effort environnemental sous un angle différent pour qu'elles puissent adopter une approche proactive, volontariste et crédible. L'effort environnemental n'est ni un coût ni une menace sur les profits et la valeur actionnariale, mais au contraire un facteur qui peut améliorer la rentabilité, motiver davantage les employés et renforcer la position à long terme de l'entreprise sur un marché où les clients et les autres parties prenantes perçoivent un alignement sincère des valeurs de l'entreprise avec leurs propres valeurs et voient que l'entreprise contribue à l'amélioration de la société.

Je pense qu'il existe aujourd'hui chez IKEA une conviction profonde et forte qu'un effort environnemental proactif est bon pour les affaires, mais je dois admettre que le chemin n'a pas toujours été facile.

IKEA a subi des critiques importantes dans les années 1980 et 1990 de la part des médias, et dans les deux cas l'entreprise n'y était pas bien préparée car elle était mal informée sur le problème en cause. Le premier incident qui a déclenché des critiques se passait dans les années 1980, lorsqu'il a été révélé qu'il y avait des quantités trop importantes de formaldéhyde dans les meubles, et que l'entreprise avait failli dans sa mission de contrôle. Le second incident, dans les années 1990, provenait d'accusations à propos du travail d'enfants dans des usines d'un fournisseur au Pakistan. Même si ces accusations n'ont jamais été confirmées, la situation mettait en lumière une nouvelle fois une carence dans le contrôle.

En 1999, IKEA avait donc un passé entaché de quelques mauvaises expériences et n'avait pas de stratégie bien définie pour réagir à l'avenir. Nous avions alors une attitude défensive. Pour moi, il s'agissait là d'une grande source d'inquiétude car j'étais persuadé que la place d'IKEA était aux avant-postes en matière sociétale et environnementale. J'étais également convaincu qu'il fallait adopter une position proactive et que cela se défendait économiquement. L'attention portée par l'opinion publique sur les questions sociétales et écologiques n'était alors pas aussi importante qu'aujourd'hui, mais il s'agissait néanmoins d'une préoccupation croissante et IKEA se devait de prendre position. Nous avons ainsi fait des efforts environnementaux et sociétaux une priorité dans notre programme à long terme 10/10 « Ten Jobs in Ten Years » (Dix missions en dix ans). Il régnait alors un certain scepticisme au sein de l'entreprise, et de nombreuses discussions agitaient l'encadrement supérieur et le conseil d'administration. La question n'était pas si IKEA devait agir ou non, mais plutôt quelle serait la portée de cette action, et à quelle vitesse elle devait progresser.

Quels sont les sujets qui ont entraîné les discussions les plus vives ? D'abord, bien évidemment, ceux déjà mentionnés : est-ce qu'un effort environnemental augmente les coûts et par conséquent pèse sur la rentabilité, la compétitivité et la survie à long terme de l'entreprise ? Il y avait également d'autres questions importantes : est-ce de la responsabilité d'IKEA ou de celle des États et des fournisseurs ? Quelle est la vraie ampleur des menaces écologiques sur notre société ? Enfin, est-ce que l'entreprise doit laisser d'autres organisations orienter les actions, ou devions-nous prendre les manettes nous-mêmes ?

En y repensant aujourd'hui, je suis heureux que nous ayons pris le temps de discuter de ces problèmes en interne parce que nous savons tous que ce n'est que lorsque nous sommes profondément et sincèrement convaincus que nous montrons un engagement réel à mettre en pratique un programme.

Comment parvient-on à obtenir un large consensus autour d'un programme social et environnemental au sein d'une organisation ?

D'abord, il faut que le PDG prenne position clairement. La majorité des employés n'a pas d'opinion tranchée, et il s'agit de questions complexes sur lesquelles de nombreux leaders d'opinions influents peuvent avoir des points de vue différents. Avoir des certitudes sur ces sujets nécessite des connaissances approfondies. Beaucoup d'employés ont donc besoin que les dirigeants les guident de manière très claire dans l'orientation à adopter.

Il est également très important de s'assurer que les cadres qui sont promus partagent les valeurs de l'équipe de direction sur ces problèmes. S'il n'y a pas d'engagement, il n'y aura pas d'action.

Les soutiens de la part d'employés, de clients, des médias et des ONG sont également très précieux. Cela permet de convaincre ceux qui demeurent encore incertains. Il faut également persuader les réticents en leur montrant que les craintes d'une augmentation des coûts ne sont pas justifiées. Cela a été relativement facile dans le cas d'IKEA, car dans la plupart des cas, ce qui est bon pour l'environnement va de pair avec l'emploi de moins de ressources, et une diminution des ressources utilisées se traduit le plus souvent par une baisse des coûts.

Une coopération étroite avec des ONG comme Greenpeace, le WWF, Save the Children ou l'Unicef était ainsi extrêmement utile car elle permettait de recevoir des conseils précieux, d'obtenir l'appui de ces organisations et d'avoir des résultats.

Là encore, la vision et les valeurs de l'entreprise doivent être cohérentes avec les actions environnementales. La vision IKEA d'une vie meilleure pour le plus grand nombre correspond parfaitement à ces actions, de même que la volonté de proposer une gamme de produits à bas prix accessible au plus grand nombre. Prix bas signifie coûts bas, et des coûts bas impliquent l'emploi de moins de ressources.

Une dernière réflexion, enfin, pour obtenir une large adhésion aux actions environnementales : tout comme dans n'importe quelle activité performante, il faut des objectifs précis, des stratégies, des plans, des ressources et une répartition des responsabilités qui soient connus de tous et acceptés à travers toute l'organisation.

Soulignons que les priorités définies chez IKEA en 1999 sont différentes de celles de 2009. L'attention se portait alors sur trois problèmes principaux : les conditions de travail chez les fournisseurs, l'état des forêts et la qualité des produits. Ces problèmes se posaient naturellement étant donné la sphère d'activité d'IKEA, mais il faut également admettre que l'entreprise a été influencée par les critiques des médias et des ONG. Les relations avec les fournisseurs étaient très importantes, vu l'accroissement des achats en provenance de pays émergents où certaines usines avaient des conditions de travail et écologiques médiocres. Le problème du travail des enfants au Pakistan a également joué un rôle : personne dans l'entreprise ne voulait que se reproduise une telle situation. La protection des forêts était également une préoccupation majeure puisque le bois est l'un des matériaux de base d'IKEA, et cette question était aussi un sujet important pour les ONG comme Greenpeace et le WWF. Enfin, la plupart des clients attachaient bien entendu beaucoup d'importance à la qualité des produits, sans risques pour la santé. La baisse de la consommation énergétique et les incidences de l'activité économique sur le changement climatique faisaient également partie du plan, mais le niveau de sensibilisation dans ces domaines n'était pas aussi élevé qu'aujourd'hui, les efforts dans ce sens se limitaient alors aux problèmes de transport.

De 2000 à 2009, la majorité des efforts, en temps et en argent, était consacrée à l'amélioration des conditions chez les fournisseurs d'IKEA. Le code de conduite d'IKEA (IWAY) a été publié en 2000. Ce code prescrit les exigences minimales requises pour les fournisseurs. Parmi ces exigences d'IWAY, on trouve le respect de la réglementation nationale, l'interdiction du travail forcé ou du travail des mineurs, l'absence de discrimination, une rémunération équivalant au moins au salaire de base et le paiement des heures supplémentaires, un environnement de travail sain et sécurisé, et la responsabilité de la gestion des déchets, des émissions de gaz à effet de serre et des produits chimiques. Une check-list d'environ 90 questions était utilisée par les quelque 80 auditeurs d'IKEA au cours des inspections auprès de 1 200 fournisseurs dans le monde entier (en 2009). Les auditeurs aident les fournisseurs à développer des plans d'actions et à trouver des solutions en cas de non-conformité, et procèdent ensuite à des visites de suivi pour évaluer les progrès. En 2009, le nombre de manquements constatés s'élevait à plus de 10 000, dont la majorité a été corrigée. Ce chiffre donne une bonne indication des résultats de l'effort consenti par IKEA, conduisant ainsi à une amélioration des normes de travail chez les fournisseurs.

Au niveau global, IKEA dispose d'un groupe « conformité et surveillance » en charge de normaliser les évaluations et de garantir que les mêmes critères d'audit soient appliqués dans le monde entier. Tout cela est également supervisé par des auditeurs tiers comme KPMG et PricewaterhouseCoopers qui vérifient les méthodes de travail et les résultats des audits menés par IKEA. Ce dernier niveau est très important pour asseoir la crédibilité vis-à-vis de l'extérieur. Plus de 1 000 audits sont effectués chaque année.

Le taux de conformité IWAY était de 93 % en 2009 pour l'ensemble du groupe IKEA, même si certains secteurs se sont révélés particulièrement difficiles à traiter. Les fournisseurs situés en Chine ont ainsi les conditions de travail les plus problématiques. Avec la Pologne, la Chine est le marché d'approvisionnement le plus important d'IKEA et représente 20 % de l'approvisionnement total. Il y est parfois difficile d'obtenir des informations exactes de la part des fournisseurs. Les réglementations y sont souvent mal appliquées et les autorités ne veillent pas suffisamment à leur respect. Il est par ailleurs intéressant de constater que la Chine, pays communiste, possède un droit du travail très progressiste comparable à celui d'un pays comme la Suède en matière de temps de travail, de paiement des heures supplémentaires, etc.

IKEA a tenté d'améliorer la situation de plusieurs manières au fil des années, mais avec des résultats mitigés. On aurait pu pénaliser sérieusement les entreprises qui ne se conformaient pas aux réglementations, mais une meilleure solution aurait pu consister à augmenter la production destinée à IKEA dans la production totale de chaque fournisseur, et ce pour que les fournisseurs se conforment plus aux règles d'IWAY. Motiver ces derniers à améliorer les conditions de travail et à protéger l'environnement est malheureusement un effort de très longue haleine.

La lutte contre le travail des enfants chez les fournisseurs et les sous-traitants est l'un des aspects les plus importants d'IWAY. Ce domaine a fait l'objet d'une grande attention pendant de nombreuses années, particulièrement en Inde. IKEA collabore avec l'Unicef et Save the Children pour éliminer le travail des enfants. Pour parvenir à un changement durable, il faut adopter une approche globale qui implique d'évaluer la condition des enfants et de mettre en place des programmes à long terme en vue de traiter les causes fondamentales du problème, comme la pauvreté, la santé ou le manque d'éducation. Ces actions ont été menées en collaboration avec l'Unicef depuis l'an 2000.

Le projet était de sensibiliser et de motiver les populations rurales aux actions de lutte contre le travail des enfants, notamment en mettant en place des groupes d'entraides féminins, en donnant une éducation de base aux femmes, en créant des écoles dédiées aux enfants non scolarisés, et en lançant des opérations de vaccination auprès des mères et des enfants.

La forêt a été une composante importante de la stratégie environnementale, le bois étant l'une des matières premières de base d'IKEA. L'objectif à long terme est que tous les produits IKEA utilisent du bois issu de forêts gérées de façon responsable. Il s'est avéré qu'augmenter la quantité de bois certifié était beaucoup plus difficile à mettre en place qu'on ne le pensait. IKEA a travaillé pendant de nombreuses années sur plusieurs projets avec le WWF afin d'améliorer la gestion des forêts et de lutter contre l'abattage clandestin dans des grands pays d'approvisionnement en bois comme la Russie, la Chine, la Roumanie et le Viêtnam. En 2009, 94 % des fournisseurs étaient en conformité avec les spécifications forestières d'IKEA, mais seul un nombre limité des forêts était certifié comme géré de façon responsable.

Lors de la révision de la stratégie environnementale de 2009, l'objectif s'est quelque peu déplacé et l'essentiel des efforts se porte désormais vers l'utilisation plus efficiente des matières premières et sur le changement climatique.

Les produits IKEA sont conçus pour optimiser l'utilisation de matières premières (et donc minimiser les déchets) et les moyens de production. Ainsi, à chaque fois que c'est faisable, l'entreprise cherche à optimiser la chaîne de production, en installant par exemple les scieries près des forêts où le bois est coupé, et les usines de fabrication des meubles se trouvent à proximité des scieries, de préférence avec des unités de production de meubles de différents types utilisant différentes parties du bois. On maximise ainsi l'utilisation des matières premières dans la production tout en minimisant les coûts de transport. C'est ainsi que procède Swedwood, la filiale industrielle d'IKEA.

Par ailleurs, IKEA développe constamment de nouvelles techniques de production et de nouveaux designs en diminuant le recours aux matières premières. On peut citer par exemple la technique dite du « panneau sur cadre » dont IKEA est le pionnier. Il s'agit d'une technique recourant à une structure en carton rigide prise en sandwich entre de minces feuilles de bois. Cette technique et d'autres similaires seront présentes à mon avis dans la plupart sinon dans l'ensemble des produits IKEA à l'avenir. Je ne serais pas surpris si dans quelques années le recours au bois massif soit complètement remplacé par des composants présentant une apparence identique comme le « panneau sur cadre ».

Bien que la réduction de l'émission de CO2 ait toujours fait partie de la politique de développement durable d'IKEA, il faut admettre qu'elle est devenue encore plus importante au cours des dernières années. On peut évaluer l'empreinte carbone d'IKEA de différentes manières. Si on inclut tout, c'est-à-dire l'extraction de matières premières à la source, leur transformation chez les fournisseurs et les sous-traitants, le déplacement des clients vers et depuis les magasins, l'utilisation des produits IKEA par les clients chez eux (ampoules, appareils ménagers, etc.), et bien évidemment les activités propres à IKEA comme les magasins, les entrepôts, tous les fournisseurs, etc., on a pu estimer approximativement les émissions de CO2 à 27 millions de tonnes par an en 2009. 87 % de cette quantité sont le résultat des émissions issues de l'extraction de matières premières, de la transformation chez les fournisseurs et les sous-traitants, du déplacement des clients et de l'utilisation des articles. Seuls 13 %, soit 3,6 millions de tonnes, sont imputables aux opérations propres à IKEA, ses fournisseurs et à l'acheminement des produits. Ce sur quoi la plupart des gens se focalisent lorsqu'ils parlent des émissions carbone d'une entreprise peut n'être finalement qu'une très petite partie des émissions résultant de l'ensemble des activités de l'entreprise en question. Vous pourriez objecter que se concentrer sur les émissions domestiques (dans les magasins, les bureaux, les entrepôts, pendant le transport et chez les fournisseurs) est une erreur et relève plutôt d'un coup publicitaire. Pour ma part, je pense qu'il est judicieux de commencer par ses propres activités et l'on doit se poser en exemple si l'on veut ensuite influencer les sous-traitants et les clients.

Une initiative globale a été lancée en 2006 pour réduire les émissions de CO2 dans les sites IKEA. Le programme « IKEA goes renewable » avait pour objectif à long terme l'utilisation de 100 % d'énergie renouvelable dans tous les sites : magasins, entrepôts, bureaux et usines. Un renforcement de 25 % de l'efficience énergétique des sites faisait également partie des objectifs. En 2008, IKEA en était à 45 % d'énergie renouvelable pour le chauffage, 20 % d'électricité renouvelable et 20 % d'amélioration de l'efficience énergétique. J'ai été critiqué en interne en raison de l'objectif que j'avais fixé, 100 %, qui était considéré comme irréaliste. J'estimais que des objectifs ambitieux à long terme constituent un signal fort de la direction qui veut réellement entraîner des améliorations drastiques. Par ailleurs, qui sait ce que les technologies de demain pourront nous permettre de réaliser ?

Aujourd'hui, les nouveaux magasins et entrepôts IKEA tournent avec des énergies renouvelables comme les pompes à chaleur géothermique, les pompes à chaleur air-air, les chaudières à biomasse et les panneaux solaires. Des projets d'éolienne sont également à l'étude. Le magasin IKEA de Brooklyn, à New York, est en train de tester le recours à des panneaux photovoltaïques pour sa production d'électricité. Le magasin de Karlstad, en Suède, a l'une des plus grandes installations géothermiques dans le pays. Le magasin de Spreitenbach, à Zurich, Suisse, est chauffé uniquement aux granulés de bois et à l'énergie solaire. Le magasin de Wurburg, en Allemagne, a un système de chauffage et de climatisation au sol, de pompes à chaleur géothermique et de biocarburants liquides.

Les déplacements professionnels ont également fait l'objet d'attentions spéciales. Ils ne représentent qu'une petite proportion des émissions totales, mais leur signification symbolique est importante parce qu'elle concerne tous les employés. L'idée était de réduire considérablement les voyages en utilisant des installations virtuelles sur le Web, le téléphone et la vidéo. Pendant les cinq premiers mois du projet, 9 000 téléréunions sur Internet avec 27 000 participants ont été organisées. Les coûts de déplacement, qui avaient augmenté de près de 20 % par an au cours des années précédentes, ont par la suite diminué de 20 % d'année en année.

La nouvelle stratégie d'approvisionnement a également été un facteur important dans la réduction des émissions de CO2. IKEA a opté pour une production de plus en plus régionale plutôt que mondiale. Le besoin de raccourcir les délais d'approvisionnement, des coûts de transport plus élevés sur le long terme, des économies d'échelle moins significatives passé un certain seuil, et un marché de devises fluctuant : tous ces facteurs justifient un rapprochement entre zones de production et zones de distribution, ce qui permet de surcroît de produire une meilleure efficience écologique. En 2009, 56 % des articles vendus en Chine étaient produits en Asie, et cette proportion devrait monter jusqu'à 85 % dans les huit prochaines années selon les plans d'approvisionnement. De même, près de 40 % des articles vendus en Russie sont produits sur place, même si augmenter ces proportions s'est avéré difficile pour l'instant (nous y reviendrons plus tard). IKEA a récemment ouvert sa première usine aux États-Unis. En 2009, 18 % des ventes américaines provenaient d'Amérique du Nord, et l'objectif est de parvenir à 35 % dans les huit ans à venir.

Les meubles en kit ont également permis de réduire considérablement les émissions de CO2 pendant l'approvisionnement. D'autres facteurs y concourent également : la maximisation des capacités de conditionnement, les livraisons directes, un meilleur remplissage des camions et des contraintes plus strictes posées aux transporteurs.

Le potentiel d'amélioration de l'efficience dans les transports par la route est en effet encore très important. La législation en cours sur les normes des camions, les carburants, les taxes routières, etc., vont permettre d'accélérer ce changement. En ce qui concerne le fret maritime, le principal défi est le déséquilibre entre les biens qui arrivent et qui partent d'Europe, d'Asie et des États-Unis. Le taux de remplissage dans le sens Asie-Europe est de 100 % quand il est seulement de 20 % à 25 % pour le trajet retour. De même, il est de 100 % d'Europe à destination des États-Unis contre 35 % à 40 % dans le sens inverse (chiffres en 2008-2009). Le même problème d'absence de fret retour se retrouve dans les camions qui se déplacent dans toute l'Europe. Le potentiel d'efficience est énorme si l'on parvient à trouver des moyens pour résoudre ce problème. Nous devons arrêter d'acheminer les produits par avion ! Enfin, le transport ferroviaire peut constituer une solution, mais cela est pour l'instant entravé par l'absence de norme commune en Europe, l'absence de concurrence et une flexibilité faible.

Une fois ces initiatives lancées et appliquées dans l'entreprise, il est temps maintenant de se tourner vers les fournisseurs et les sous-traitants d'un côté, et analyser l'utilisation des produits IKEA par le client chez lui de l'autre, pour examiner la manière de réduire la consommation d'énergie dans les deux cas.

En 1999, l'action environnementale d'IKEA n'avait rien à voir avec celle d'aujourd'hui. Dix ans plus tard, l'organisation a atteint une maturité telle que le développement durable est devenu pleinement intégré dans les objectifs et stratégies au quotidien. Il n'est plus nécessaire que la hiérarchie mette la pression pour que les choses s'améliorent. La motivation et la pression pour s'améliorer sont présentes partout. Je suis convaincu que cela fera la différence dans les années à venir.

Arrêtons-nous sur ce point important. Une entreprise atteint un tournant lorsque la pression pour le changement ne vient plus des hautes sphères et lorsque l'action environnementale devient pleinement intégrée dans ses processus et ses plans.

Que dire des coûts liés aux efforts pour l'environnement. Auront-ils un effet négatif sur la rentabilité ? Comme nous venons de le voir, pour réaliser des progrès, il faut indubitablement procéder à certains investissements, par exemple pour mettre en place l'énergie renouvelable dans les magasins, ou en termes humains comme des auditeurs auprès des fournisseurs, les experts forestiers, etc. La pertinence de ces investissements d'un point de vue de la rentabilité dépend de vos propres objectifs : si vous vous orientez à court terme, vous pourrez sans doute décider de ne pas le faire, par contre si vous avez une approche à long terme, ils auront des impacts positifs. Vu les prix de l'énergie aujourd'hui, investir dans l'énergie renouvelable peut mettre plus de temps qu'un investissement normal pour être amorti, mais si on pense que les prix des énergies vont augmenter au fil du temps, le calcul s'avérera plus judicieux, et l'entreprise sera devenue indépendante des fluctuations du prix des énergies fossiles. De même, le recrutement d'auditeurs et d'experts forestiers peut se justifier par l'accroissement de la productivité dans les usines et dans l'utilisation de la matière première (le bois). Les experts en sylviculture ont aidé IKEA à améliorer non seulement la traçabilité du bois utilisé dans ses produits dans le cadre de l'application de son code de conduite, mais également l'utilisation du bois, et à produire davantage de matériau à partir du tronc d'arbre. Les auditeurs ont aidé les fournisseurs à améliorer les conditions sanitaires et de sécurité, les processus de production et les conditions de travail, ce qui a renforcé la productivité et la motivation dans les usines. Outre ces calculs de rentabilité, une entreprise pourvue d'une perspective à long terme va également percevoir les bénéfices d'une confiance et d'une loyauté accrues avec les clients, les employés, les pouvoirs publics, les ONG et toutes les autres parties prenantes grâce à ses efforts.

Je viens d'exposer le cas IKEA en détail pour expliquer ma conviction que l'on ne peut prouver sa crédibilité que par des actions. Beaucoup d'entreprises parlent de leur engagement environnemental en termes généraux. Seuls les faits donnent de la crédibilité. La question de la stratégie de communication à adopter pour les actions sociétales et environnementales est fréquemment débattue au sein des conseils d'administration et des directions. De plus en plus d'entreprises en viennent à axer leur communication sur ce qui a été concrètement accompli plutôt que sur de futurs plans. Je pense que cette position est la bonne. La question est alors : quelle doit être l'intensité de cette communication sur la réalité de ces actions ? La réponse est moins évidente. D'un côté, l'entreprise ne veut pas faire croire aux employés, aux clients et aux autres parties prenantes qu'elle en fait moins que la réalité, mais d'un autre côté, elle ne veut pas en faire trop de peur que l'on croit qu'une communication sur ses actions environnementales trop agressive apparaisse motivée surtout par des raisons marketing. La cible de cette communication doit, me semble-t-il, viser en priorité les employés et les parties prenantes qui ont des objectifs particuliers dans ce domaine, comme les ONG ou les organismes publics. Je pense également qu'on peut parfaitement communiquer au-delà des résultats et sur des objectifs futurs, aussi longtemps que l'entreprise est certaine qu'elle progresse vers la réalisation de ces objectifs.

Le problème le plus délicat de cette communication concerne celle vis-à-vis des clients, particulièrement si vous êtes en contact direct avec le consommateur. Ne dites pas tout ! Concentrez-vous uniquement sur quelques messages importants. Ne vantez jamais vos réalisations, contentez-vous d'informer sur les faits. Laissez l'audience conclure si vous en avez fait assez ou pas. Soyez précis, avec des faits et des chiffres. Si possible, laissez les autres parler de vos réalisations, car votre propre crédibilité sera toujours mise en question. Lorsque j'étais chez IKEA, je me préoccupais des actions concrètes plutôt que de la communication. Nous avons alors été souvent l'objet de critiques internes et externes pour ne pas communiquer suffisamment sur nos résultats. Je pense que c'était la bonne approche. Je serais toujours aussi prudent sur la communication externe. La responsabilité sociétale et environnementale d'une entreprise devrait être considérée comme une contribution évidente aussi naturelle que de payer ses impôts. La plupart des entreprises ne communiquent pas à leurs clients le montant de leurs impôts. Apparaître sincère est plus important que tout le reste.

Les conseils d'administration débattent fréquemment aussi de la politique en matière d'actions caritatives et de coopération avec les ONG. Pour moi, ceci comporte quatre éléments importants : la concentration, la relation avec l'activité, l'implication et la rentabilité. Concentrer le mécénat sur quelques ONG, pour lesquelles l'entreprise devient un contributeur important, permet de développer des partenariats solides. Il faut considérer en priorité les secteurs en relation avec l'activité de l'entreprise, comme par exemple le travail des enfants dans la production des tapis. De ce fait, votre personnel sera probablement physiquement au contact de ce secteur et du projet. Au-delà de l'argent, l'implication personnelle est très appréciée par les ONG, car elle donne l'opportunité de motiver vos propres employés sur ces sujets, qui seront alors fiers de contribuer à ce projet sociétal de l'entreprise. Il faut choisir des actions qui soient rentables et qui concernent le maximum d'êtres humains. Enfin, il faut en priorité appuyer les projets qui aident les personnes à devenir autonomes et capables d'entrer sur le marché de l'emploi.

Les actions sociétales et environnementales des entreprises ont considérablement augmenté au cours des dernières années, et pourtant je suis convaincu qu'on n'en est qu'au début. La population de la planète est toujours en augmentation, et les conditions de vie sont également en train de s'améliorer dans les pays en développement. Les progrès sont lents par rapport à ce qui doit être réalisé, et au fur et à mesure de la probabilité de catastrophes écologiques majeures dans les années qui viennent, nous aurons de plus en plus de pressions pour réagir vite. Il serait plus judicieux pour les entreprises d'avoir un plan d'action volontariste et offensif dès aujourd'hui pour répondre à ces attentes croissantes de la société à l'avenir.

Contribution sociétale – la perspective du marché

Changeons de perspective pour un moment. Au lieu de regarder la part de marché, le chiffre d'affaires et les bénéfices que les entreprises peuvent générer dans les pays où elles sont implantées, voyons comment elles peuvent apporter de la valeur sur un marché spécifique. Prenons l'exemple d'IKEA sur les marchés émergents.

Proposer un mobilier de qualité, fonctionnel, esthétique et durable à prix accessible pour la classe moyenne. L'augmentation de la classe moyenne crée un besoin important de mobilier de maison. On trouve généralement sur les marchés émergents des marques importées chères et des produits artisanaux locaux de basse qualité. IKEA est idéalement placée dans un tel environnement. Avec les mêmes exigences de qualité et le même niveau de choix de produits que dans les pays développés, IKEA peut y offrir ses produits à des prix substantiellement plus bas. Ainsi, les prix des articles IKEA en Chine sont 50 % inférieurs aux prix dans les pays européens. L'entreprise offre une alternative intéressante aussi bien pour les consommateurs que pour l'État. Les entreprises occidentales peuvent être tentées de proposer une gamme de produits de moindre qualité lorsqu'elles s'implantent sur un marché émergent, en proposant des prix concurrentiels et en se préservant une bonne marge. Je ne pense pas que cela soit judicieux. La qualité et un beau design constituent un élément de différenciation dans ces pays. Non seulement cela constitue une offre unique pour les clients, mais c'est également une manière de montrer aux employés locaux que leur pays est aussi important que les marchés occidentaux.

Création d'emploi et paiement des impôts. IKEA investit dans des magasins et possède ses propres unités de production. En Russie, par exemple, plus de 4 milliards de dollars ont été investis dans des centres commerciaux, des magasins, des entrepôts et des unités de production. IKEA booste ainsi les exportations des pays où elle est présente. L'entreprise représente 20 % des exportations de tapis en Inde et est le plus grand exportateur de meubles en Russie. La Chine représente plus de 20 % de l'approvisionnement total d'IKEA. De même, IKEA favorise également la production destinée à la commercialisation locale. 40 % des biens vendus en Russie y sont également produits. La proportion s'élève à plus de 50 % en Chine. De plus en plus d'entreprises occidentales s'installent dans les pays émergents, mais une certaine irritation des dirigeants locaux y est perceptible, qui souhaiteraient que ces entreprises paient plus d'impôts et appuient la production locale. On peut comprendre ce point de vue. Bien évidemment, dans certains cas, une entreprise peut accumuler des pertes pendant de nombreuses années sur un marché où elle vient de s'implanter pour réussir. Ces pertes seront alors compensées par les profits réalisés dans le futur. Que cela puisse entraîner des suspicions sur le recours à une stratégie fiscale quelconque n'est guère surprenant. Cela peut déclencher alors des réactions de la part de l'administration des impôts et des pouvoirs publics locaux, ce qui aux yeux des entreprises occidentales sera vu comme du harcèlement et de l'agression. De plus, lorsque ces incidents sont rapportés par la presse occidentale, ils sont décrits souvent comme de la corruption ou des comportements anticoncurrentiels, renforçant l'incompréhension entre les entreprises et les pays occidentaux d'un côté, et les marchés et les pays émergents de l'autre. Un dialogue constant devrait être établi entre entreprises et autorités afin de parvenir à un système fiscal raisonnable et éviter des conflits inutiles.

Apporter un savoir-faire pour construire un secteur de l'exportation concurrentiel. IKEA apporte financement et savoir-faire à ses fournisseurs, par exemple par l'industrialisation du secteur des tapis en Inde, ou la création de joint-ventures avec des entreprises d'ameublement en Russie. L'appui aux industries de production locales est toujours la première priorité des pouvoirs publics dans les pays émergents, bien plus que les investissements dans les magasins.

Améliorer les normes sociales et environnementales dans la production. Tous les fournisseurs doivent se conformer au code de conduite IKEA. En 2009, plus de 100 000 manquements ont été constatés, et la majorité d'entre eux a été corrigée. Plus de 1 000 audits ont été conduits tous les ans. IKEA a développé des projets pour améliorer les conditions environnementales, par exemple par le Better Cotton Initiative en Inde.

Contrairement à ce que semblent croire de nombreux Occidentaux, les préoccupations pour les questions environnementales sont très présentes sur les marchés émergents, aussi bien chez les gouvernants qu'auprès du grand public. Les entreprises qui arrivent sur ce marché ont donc une opportunité de montrer l'exemple et d'exprimer par leurs actions l'importance de ces sujets pour eux. Cependant, les autorités et les fournisseurs ne semblent pas toujours accorder autant d'intérêt à l'amélioration des conditions de travail dans les usines. La pensée dominante est malheureusement souvent qu'une amélioration des conditions de travail peut affecter négativement la compétitivité, ce qui je crois est rarement vrai.

IKEA Social Initiative, afin d'améliorer les conditions de vie des groupes sociaux à bas revenus. IKEA et l'Unicef ont un partenariat très développé en Inde. Les projets concernent 500 villages et plus de 1 million de personnes. Plus de 80 000 enfants reçoivent ainsi une éducation dont ils seraient privés autrement.

Les gouvernements des marchés émergents semblent être partagés sur les actions caritatives des entreprises. Ils admettent la valeur des contributions apportées, mais ils ont également le sentiment que l'éducation et la santé sont des domaines qu'ils devraient être capables de gérer par eux-mêmes. Le meilleur moyen pour conduire des initiatives sociales consiste sans doute à travailler avec des organisations caritatives ou des ONG ayant de bonnes relations avec les autorités locales.

L'approche IKEA : un engagement humble, respectueux et à long terme. La philosophie adoptée est de recruter et d'investir dans les ressources humaines locales. Les valeurs et le style de management d'IKEA ajoutent souvent une perspective différente sur ces marchés. La manière avec laquelle IKEA voit les personnes, le leadership et le management est parfois surprenante, mais crée également de la curiosité, de la motivation et constitue une nouvelle opportunité pour les cadres locaux. L'entreprise a l'habitude de bâtir des relations à long terme avec ses fournisseurs, et cela renforce le développement de compétences chez ces derniers.

Regardons maintenant du point de vue du pays d'accueil, l'Inde par exemple. IKEA pourvoit à l'éducation et à la santé des plus pauvres en coopération avec l'Unicef, pour les aider à intégrer le marché de l'emploi. Elle aide également les travailleurs pauvres en améliorant leurs conditions de travail chez les fournisseurs à travers un code de conduite. Elle appuie la classe moyenne en proposant des meubles de qualité à des prix raisonnables. L'entreprise soutient l'entreprenariat en aidant ses fournisseurs, et par conséquent en créant des emplois et en améliorant leur compétitivité. Du point de vue écologique, IKEA promeut de nouveaux moyens de cultiver le coton en vue de réduire l'usage de pesticides et de ressources en eau déjà limitées. Ces exemples démontrent qu'une entreprise peut contribuer à l'amélioration d'une société en touchant de nombreux groupes de personnes dans un pays donné.

Les entreprises multinationales doivent réfléchir sérieusement à développer significativement leurs contributions sociétales si elles veulent réussir. La création d'emplois et le paiement d'impôts (parfois) ne suffisent plus. Les multinationales doivent jouer un rôle plus important, faire une vraie différence et contribuer à une meilleure société. La formule « The business of business is business », qui suppose que l'État est le responsable des questions sociales et environnementales, est dépassée. La pauvreté et les catastrophes écologiques sont les deux principaux défis de l'humanité, et on ne peut y répondre que si les entreprises, les autorités publiques et la société civile collaborent harmonieusement. Produire des biens qui vont améliorer le quotidien du plus grand nombre en même temps que créer des emplois durables est le meilleur moyen de lutter contre la pauvreté. Le travail procure de la dignité, du respect et une vie décente. De même, la réponse aux défis écologiques passe par des entreprises durables qui vont aider leurs clients, fournisseurs et autres parties prenantes à s'engager dans une démarche durable. Je suis donc convaincu que toute entreprise désireuse de s'implanter sur les marchés émergents aura de meilleures performances si elle fait siennes ces objectifs ambitieux plutôt que de se limiter à la maximisation du profit : cela améliorera en effet les chances d'une rentabilité durable.

CHAPITRE 3

Différenciation par le contrôle de la chaîne de valeurs

Ce chapitre me permettra d'expliquer le développement d'un *business model* performant, ses composantes, l'importance du comportement entrepreneurial dans ce développement et comment ce modèle relie la vision aux valeurs. J'essaierai d'illustrer également les défis à affronter lors de la transformation d'une entreprise familiale en une entreprise de taille mondiale, et les défis qu'il faut surmonter pour perpétuer le modèle qui fait le succès de l'entreprise.

Dans une grande partie du secteur de la distribution, il est habituel que le développement des produits et la propriété des marques soient contrôlés par des entreprises extérieures à celles qui possèdent les points de vente. C'est par exemple le cas dans des secteurs importants comme l'électronique, l'électroménager, l'alimentation ou le bricolage. Dans les secteurs de l'habillement et de l'ameublement, certains distributeurs contrôlent à la fois les marques et les points de vente. Cette division du « pouvoir » entre propriétaires des marques et distributeurs fait que les consommateurs ne perçoivent pas de grandes différences en termes de gamme de produits, de prix, de services ou de magasins entre les distributeurs. La clé du succès et de la rentabilité réside alors naturellement dans la différenciation. De nombreux distributeurs ont du mal à y parvenir et finissent par se raccrocher à de petites marges, en étant un peu meilleurs que les autres sur des choses que tout le monde fait, ou en ayant un avantage marginal du fait de leurs emplacements. Les innovations sont faciles à copier dans la grande distribution, et toute différenciation potentielle est éphémère.

Pour moi, un distributeur ne peut obtenir un succès durable que lorsqu'il possède une gamme de produits unique et contrôle l'ensemble de la chaîne de création de valeurs, depuis la conception du produit jusqu'aux points de vente, en passant par la production. La tendance actuelle est d'ailleurs clairement dans cette direction. De plus en plus de distributeurs développent leurs propres marques et nous allons assister davantage à une diminution des marques à prix bas ou intermédiaires venant d'entreprises produisant des produits de grande consommation (Fast Moving Consumer Goods Companies – FMGC). À long terme, ce sont les marques haut de gamme de ces distributeurs de produits de grande consommation (FMGC) qui subsisteront.

IKEA est l'exemple même d'une entreprise qui contrôle l'ensemble de la chaîne de valeurs, et c'est l'une des raisons majeures de sa réussite.

Définir un *business model* performant

IKEA a mis trente ans (1943-1972) à développer son *business model*, avant de lancer son expansion à l'international. Dans le monde d'aujourd'hui, la plupart des entreprises auraient eu le temps de se lancer, de prospérer et de disparaître dans le temps qu'il a fallu à IKEA pour se lancer.

À titre de comparaison, Walmart, le numéro un en matière de grande distribution, a démarré ses activités à peu près à la même période qu'IKEA (1945) et réalise un chiffre d'affaires dix-huit fois supérieur. Microsoft a été lancé en 1975 et est deux fois plus grand. Google a été lancé en 1998 et en l'espace de seulement dix ans a réussi à atteindre un chiffre d'affaires comparable à celui d'IKEA.

Pourquoi cela a-t-il pris autant de temps ? C'est peut-être un signe des temps. IKEA est une entreprise suédoise. Un marché de petite taille est très vite saturé avec une entreprise qui réussit, et l'expansion à l'international devient alors la seule solution pour croître, mais réaliser cela n'était pas très facile à cette époque. Comme nous le savons, les conditions pour les entreprises qui aspirent à l'échelle mondiale ne se sont considérablement améliorées qu'au cours des vingt dernières années. C'est probablement une des raisons qui explique qu'une entreprise comme Walmart se soit développée au départ plus rapidement compte tenu de la taille de son marché domestique.

Cela s'explique aussi par la nature du secteur. L'ameublement est un secteur très stable par rapport à de nombreux autres. La chaise n'a pas considérablement changé depuis quelques centaines d'années. Il n'y a pas de changement majeur dans l'industrie du mobilier, et la concurrence ne s'y est pas développée fortement. En fait, la plupart des innovations dans le secteur de la grande distribution de mobilier sont le fait d'IKEA. Cela a permis par conséquent à l'entreprise de progresser à son rythme, sans pression extérieure sérieuse.

Mais l'explication la plus importante est pour moi l'ADN d'IKEA. Cette entreprise a toujours été financièrement prudente : on ne dépense que l'argent qu'on a. La croissance est certes importante, mais il faut d'abord prendre soin des clients actuels avant d'en ajouter d'autres (par de nouveaux magasins et de nouveaux marchés). Pour se développer, il faut écouter les clients et apprendre d'eux et non se contenter de reproduire bêtement ce que la concurrence est en train de faire. La croissance a jusqu'ici été réalisée en interne, car IKEA est réticent à grandir à travers des acquisitions ou des fusions avec d'autres entreprises. Sa forte culture ainsi que ses besoins spécifiques en termes de taille de magasin et d'emplacement font qu'il est difficile de trouver une entreprise qu'elle pouvait acquérir. On peut affirmer qu'IKEA n'est pas une entreprise pressée, ce qui peut sembler être en contradiction avec sa croissance extrêmement rapide ces dernières années.

C'est en raison de ces multiples facteurs, auxquels il faut ajouter le fait que le concept avait considérablement changé entre 1943, l'année de lancement, et sa forme finale trente ans plus tard, que le développement du *business model* d'IKEA a mis autant de temps.

Comment se sont développés le *business model* et le concept d'IKEA ? Et qu'est-ce qui explique le succès de l'entreprise ? Tout a commencé par un voyageur de commerce vendant des montres et qui a transformé son activité en vente par correspondance, des montres jusqu'aux crayons, et qui a fini par devenir une entreprise d'ameublement de taille mondiale, commercialisant tous les articles pour la maison dans tous les coins de la planète.

Cette évolution est bien évidemment liée pour une grande part à la personnalité du fondateur, Ingvar Kamprad. Souci constant de maîtrise des coûts, détermination, volonté, s'efforcer de coller à la réalité, oser la différence, le désir constant de se renouveler, l'importance accordée à la manière de faire, la camaraderie et l'enthousiasme : ce sont autant de valeurs qui ont façonné IKEA et qui sont constamment réaffirmées en interne et dans ses programmes de formation.

L'histoire des débuts d'IKEA est bien connue, et elle a structuré et défini l'esprit et le système de valeurs actuel de l'organisation et de ses employés.

Quels sont alors les moments les plus importants de cette édification du *business model* ? Les meubles ont commencé à faire partie des produits proposés en 1950, pour la bonne raison que la région autour d'Älmhult (où se trouvait IKEA) comportait de nombreux fabricants de meubles. Pour vendre des meubles, il faut avoir des lieux d'exposition, et c'est ainsi que des magasins sont venus compléter l'activité de vente par correspondance avec l'ouverture du premier show-room à Älmhult en 1953. Comme les meubles étaient volumineux, et donc chers à transporter, la décision a été prise de les vendre en kit. IKEA réduisait ainsi les coûts logistiques et les dégâts subis pendant le transport, et c'est ainsi qu'apparaissait un nouvel élément du concept IKEA. En 1961, l'entreprise et sa politique de prix bas devenaient une menace que les marchands de meubles suédois ne pouvaient plus ignorer, et ces derniers mettaient la pression sur les fabricants en leur demandant de boycotter IKEA. L'entreprise se trouvait alors obligée de s'approvisionner hors de Suède, en Pologne, et l'approvisionnement international devenait ainsi un élément fondamental du concept IKEA.

1965 voit l'ouverture du magasin de Kungens Kurva, dans la banlieue de Stockholm. Celle-ci était l'occasion d'exposer les caractéristiques essentielles du concept IKEA : grands magasins loin des centres-villes avec un parking gratuit. Le succès du magasin a été tel qu'il a forcé la direction à ouvrir directement les portes de l'entrepôt aux clients et à laisser ces derniers charger eux-mêmes les produits qu'ils achetaient. Ainsi naît l'entrepôt en libre-service. De même, c'est à cette occasion que l'entreprise commençait à proposer, en plus du mobilier, des accessoires et tous les articles nécessaires à la maison. Cette liste ne représente que quelques exemples qui ont façonné le *business model* dans les années 1950 et 1960.

Cela nous amène à la question suivante : **qu'est-ce qui explique la réussite de ce *business model* et quels sont les enseignements qu'on peut en tirer sur le développement d'un *business model* qui réussit ?** Deux choses me semblent particulièrement frappantes en analysant les événements : la capacité de répondre aux défis et aux problèmes, et la volonté de prendre des risques. Les moments déterminants dans l'histoire d'IKEA peuvent tous être analysés comme des défis qui ont été transformés en opportunités. Nous venons de voir les événements au démarrage de l'entreprise, mais plus récemment, les défis sociétaux et environnementaux dans les années 1990 ont également remodelé l'entreprise sur de nombreux plans.

La volonté de prendre des risques est évidemment la marque de tous les grands entrepreneurs, et IKEA ne fait pas exception. S'approvisionner en Pologne dans les années 1950 en est un exemple. De même, investir dans un magasin géant à Stockholm, la capitale de la Suède, dans les années 1960 alors qu'elle n'avait que l'expérience d'un petit magasin dans la petite ville d'Älmhult, était à mon avis l'un des plus grands risques financiers pris par l'entreprise. On peut comparer cette opération avec une prise de risque plus récente : l'entrée sur le marché russe au milieu des crises financières de la fin des années 1990.

La capacité de transformer les problèmes en nouvelles opportunités et de tenter de nouvelles choses, ainsi que la volonté de prendre des risques considérables en vue d'exploiter ces opportunités génèrent un avantage significatif par rapport à la concurrence. Les avantages concurrentiels se créent en redéfinissant l'activité et non en faisant les mêmes choses que la concurrence, mais en mieux. Les entreprises qui réalisent des choses complètement différentes peuvent ainsi se construire une position unique sur le marché, ce qui leur permet de prospérer sur une longue durée.

IKEA a radicalement transformé le *business model* traditionnel. Au moment où le concept d'IKEA se développait, dans les années 1950 à 1960, le secteur de l'ameublement et du mobilier de maison était un secteur très fragmenté et traditionaliste. Les entreprises du secteur proposaient des designs très traditionnels, et IKEA introduisait le style scandinave moderne. Les entreprises du secteur du mobilier ciblaient essentiellement les ménages âgés, IKEA se concentrait sur les familles avec des enfants. Les entreprises de ce secteur avaient de petites boutiques spécialisées, IKEA construisait des grands magasins où l'on trouve tout pour la maison. Ces entreprises se trouvaient en centre-ville, IKEA installait ses magasins en banlieue, avec des parkings gratuits. Les entreprises du secteur du mobilier vendaient des meubles un par un, IKEA offrait des solutions complètes pour la maison, grâce aux ensembles proposés en magasin et dans le catalogue. Le marketing des entreprises de ce secteur se faisait par la publicité, IKEA introduisait le catalogue distribué gratuitement à tous les foyers de la zone de distribution. Ces entreprises avaient des vendeurs dans les magasins, IKEA lançait le concept de self-service. Elles se concentraient sur le segment le plus cher, l'offre IKEA était à bas prix. Elles vendaient des meubles déjà assemblés, IKEA lançait le concept de meubles en kit à assembler soi-même. Elles produisaient localement, IKEA s'approvisionnait très rapidement à l'international. Elles vendaient en grande majorité les modèles des fournisseurs, IKEA développait sa propre gamme.

IKEA a donc créé une marque unique, se distinguant de tous les autres, en s'éloignant du reste de la concurrence d'une manière significative. C'est grâce à ce *business model* que commence à se développer l'avantage concurrentiel pour les clients.

Pourquoi les clients préfèrent-ils IKEA aux autres fournisseurs ? Quels sont les besoins des clients qu'IKEA satisfait ?

- L'esthétique, l'aspect fonctionnel et la qualité à bas prix.
- Le design (scandinave) unique.
- L'inspiration, les idées et les solutions complètes.
- Tout est sur place.
- L'occasion d'une « sortie », l'expérience du shopping.

En examinant ces cinq critères de réussite, on constate que ce sont des solutions très basiques répondant aux besoins des clients, qui sont également offertes par la plupart des entreprises. Pour moi, la différence réside dans la capacité d'IKEA à être la meilleure dans la réponse à ces besoins, grâce à son approche différente sur la réalisation de ces solutions (le *business model*). Il existe également une autre différence si l'on compare IKEA avec la concurrence : la plupart se concentrent sur un, ou au mieux sur deux de ces besoins. Les boutiques de luxe se focalisent sur le design et l'inspiration, les magasins de banlieue à bon marché sur les prix, et la grande distribution sur un large choix. La vraie force d'IKEA est qu'elle a su combiner les cinq critères. En les rassemblant, elle est devenue unique et irremplaçable pour sa clientèle.

Examinons rapidement chacun de ces éléments (nous les verrons plus en détail au chapitre suivant).

L'esthétique, l'aspect fonctionnel et la qualité à bas prix

La singularité d'IKEA tient à sa capacité à casser les codes et à proposer des produits fonctionnels, esthétiques et de qualité à des prix réellement bas. IKEA est littéralement obsédée par les prix. L'objectif interne est de toujours avoir des prix inférieurs d'au moins 20 % à ceux de la concurrence sur des produits comparables, et parfois même au-delà. Les prix ont par exemple été abaissés de 20 % dans la décennie 1999-2009, et je suis sûr que ces baisses continueront encore à l'avenir.

Pour parvenir à ces niveaux de prix bas, IKEA, nous l'avons vu, dispose d'un processus de production pleinement intégré, d'un développement adapté des produits en collaboration avec les fournisseurs, d'un approvisionnement à l'international, de la commercialisation en kit, de l'intégration des clients dans les phases de sélection, de distribution et d'assemblage des produits. Une attention toute particulière est apportée aux coûts et bien évidemment à l'importance des volumes. Cela permet à IKEA de combiner prix bas, bonne qualité et rentabilité.

Le design (scandinave) unique

Deuxième avantage, IKEA développe sa propre gamme avec un style scandinave/suédois. Les produits IKEA ne sont présentés et commercialisés que dans les magasins de la marque. Le design était encore plus exceptionnel dans les années 1970, au tout début de l'expansion internationale, qu'aujourd'hui, mais même actuellement, ce style scandinave moderne et à bas prix distingue IKEA de ses rivaux.

Une entreprise a le choix entre adapter ses produits aux marchés sur lesquels elle est présente, ou bien influencer les préférences du marché vers son propre style et ses propres produits. C'est la deuxième option qu'a choisie IKEA. Bien que cela soit l'alternative la plus difficile, cela permet à l'entreprise de préserver un style unique et distinct. Changer le goût des gens demeure toutefois toujours l'un des plus grands défis sur de nombreux marchés où IKEA est présent.

L'inspiration, les idées et les solutions complètes

La capacité d'inspirer le client, de lui donner des idées et des solutions à ses besoins en matière d'ameublement constitue un troisième avantage concurrentiel pour IKEA. Cela se voit par exemple dans les ensembles (chambres, séjours, etc.) exposés dans les magasins et dans le catalogue.

Pour moi, IKEA est largement devant ses concurrents dans ce domaine. Il s'agit également d'un concept particulièrement difficile à copier, parce qu'il requiert de vraies compétences en matière d'ameublement. Une vraie connaissance des conditions et des besoins du client pour sa maison est la base du développement du produit et de la création des principaux supports de promotion : magasin, Internet et catalogue.

Tout est sur place

Tous les produits sont exposés sous le même toit, et cette capacité de trouver tout ce dont on a besoin pour sa maison en un lieu unique est évidemment un élément de différenciation majeur. Le magasin IKEA typique dispose d'une surface d'environ 35 000 m^2 et propose près de 8 500 produits différents, un magasin bien plus grand comparé aux 15 000 m^2 d'il y a quinze ans.

L'occasion d'une « sortie », l'expérience du shopping

Le magasin IKEA de Kungens Kurva est devenu depuis plusieurs années maintenant la principale attraction touristique à Stockholm. La visite d'un magasin dure en moyenne une heure et demie. En proposant une salle récréative pour les enfants, un restaurant et différentes activités, IKEA cherche à créer bien plus qu'un simple magasin : une vraie sortie plaisante.

L'entreprise répond ainsi à cinq besoins fondamentaux de ses clients : un très bon rapport qualité-prix (esthétique, fonctionnalités, qualité à bas prix), des produits exclusifs (design scandinave commercialisé uniquement chez IKEA), des idées et inspirations (solutions complètes pour la maison), des facilités d'achats (tous les produits sur un même lieu, disponibles immédiatement), et du plaisir (une sortie). Le fait que ces besoins soient si fondamentaux constitue une force. Les gens chercheront en effet toujours à les satisfaire quelle que soit l'évolution à l'avenir de la société. Les besoins des clients sont un point important pour toutes les entreprises et pas uniquement pour la grande distribution. Bien évidemment, le principal défi consiste à savoir les satisfaire mieux que la concurrence.

Au cœur de toute réussite d'entreprise, il y a évidemment la supériorité par rapport aux entreprises concurrentes dans la satisfaction des besoins de base des clients, à travers un *business model* différent de ceux de la concurrence. Mais la réussite d'IKEA relève également d'un autre facteur important qui, à première vue, semble en contradiction avec la différenciation : la constance ou la stabilité.

Il arrive parfois que des entreprises modifient constamment les éléments clés de leurs activités : gamme de produits ou cible. Une telle stratégie peut être nécessaire si l'entreprise est en difficulté, mais cela ne permet pas de façonner une identité de marque forte.

La gamme des produits IKEA, en termes de style et de contenu, le concept IKEA, la méthode IKEA ainsi que la clientèle cible ont été développés dans les années 1950 et 1960. Depuis, la stratégie de l'entreprise a – en gros – consisté à les dupliquer dans le monde entier. Les éléments fondamentaux sont restés les mêmes. L'essentiel de l'action se porte sur une réévaluation continue des différents éléments du *business model* et du concept, de leur pertinence, et de leur adaptation progressive : l'évolution plutôt que la révolution.

Plusieurs raisons ont rendu cela possible. IKEA n'est pas cotée en Bourse et peut donc agir plus facilement sur le long terme. Avoir le même propriétaire pendant toutes ces années permet de préserver une continuité. L'entreprise recrute ses cadres supérieurs en interne, ce qui garantit la stabilité et la connaissance des facteurs de succès. Comparé au secteur des télécoms, le domaine d'activité d'IKEA est très stable. Enfin, la raison la plus importante est que l'originalité de l'offre a été préservée, développée et adaptée aux changements de la société.

La stabilité et la constance au niveau global, renforcées par beaucoup d'actions et d'innovations dans le détail, telle est la clé du succès. Une fois le concept en place, IKEA s'est façonnée une identité de marque forte grâce à l'évolution plutôt qu'à la révolution.

Le fait que la marque IKEA soit plus forte que la taille réelle de l'entreprise se démontre par exemple par le fait qu'IKEA ait été classée seulement au 37ᵉ rang en termes de chiffre d'affaires parmi les entreprises de la grande distribution en 2007. En termes de notoriété cependant, l'entreprise était classée au 38ᵉ rang de toutes les marques mondiales, et était première de toutes les entreprises de grande distribution selon Interbrand, palmarès paru dans *Business Week*.

Cela nous indique qu'une vraie transformation du *business model* traditionnel et une maîtrise totale de l'ensemble de la chaîne de valeurs génèrent des avantages à long terme. Mais cela ne peut se faire qu'avec des valeurs fortes et un actionnaire qui favorise la prise de risque et la réflexion à long terme.

Le développement du *business model* d'IKEA est un très bon exemple d'entrepreneuriat classique : la capacité de tirer profit des opportunités découlant des problèmes en quête de solutions. Plus le problème est grand et difficile, mieux c'est. Ces opportunités sont souvent orientées revenus que l'on peut en tirer : l'objectif est la croissance. L'entrepreneuriat est la volonté de prendre des risques substantiels en vue de tirer partie d'opportunités dans une perspective à long terme. Cette orientation à long terme est un facteur fondamental dans la prise de bonnes décisions. L'entrepreneuriat implique également d'être motivé par une vision et des valeurs fortes et d'avoir conscience de l'importance de ces dernières dans l'activité de l'entreprise. L'adoption d'une approche plus entrepreneuriale serait bénéfique pour beaucoup d'entreprises.

Une gamme de produits unique

La gamme de produits est l'élément le plus important pour toutes les entreprises de grande distribution. La capacité de se différencier de la concurrence au niveau de la gamme et du prix est bien plus importante que tous les autres aspects de la grande distribution. L'emplacement, le service, la qualité des magasins, etc., sont certes importants, mais ils sont secondaires par rapport à une gamme de produits attractifs. La différenciation de la gamme est une difficulté majeure dans de nombreux secteurs de la grande distribution comme l'alimentation, le bricolage ou l'électronique, où les principales marques sont produites et détenues par d'autres sociétés situées en amont de la chaîne de valeurs.

Nous savons qu'IKEA contrôle l'intégralité de la chaîne de valeurs, y compris la gamme de produits, ce qui lui donne d'emblée un très bon positionnement. L'offre de produits proposés par IKEA repose sur des bases très solides. Tant la vision que son projet d'entreprise définit très explicitement IKEA : « offrir une vaste gamme de produits d'ameublement esthétiques et fonctionnels à des prix accessibles au plus grand nombre afin d'améliorer leur vie quotidienne ».

Tout est dit. Une ambition sociale, améliorer la vie quotidienne du plus grand nombre, et une forte volonté de proposer une offre qui comprend tous les éléments que le client souhaite : du choix, des produits esthétiques et fonctionnels à des prix accessibles.

Voyons maintenant ce que cela signifie concrètement. D'abord, une gamme élargie de produits. On peut se laisser tenter facilement de commettre des erreurs graves dans ce domaine. Les magasins IKEA ont accueilli plus de 600 millions de visiteurs. On pourrait probablement y vendre pratiquement n'importe quel produit, et ce produit se vendrait très bien, tout du moins dans un premier temps. Et l'entreprise reçoit beaucoup de propositions pour cela ! Elle a toutefois pris la décision de ne pas se laisser tenter de suivre de tels chemins, et seuls des produits d'ameublement sont commercialisés dans ses magasins. IKEA maîtrise bien ce domaine, et elle y crée des prix concurrentiels. De cette manière, l'entreprise continue à se concentrer sur la réalisation de sa vision et de son projet, elle conserve ainsi une marque distincte et claire.

Chaque univers du magasin (textile, cuisine, canapés, etc.) doit offrir aux consommateurs un éventail de choix suffisamment large pour que ces derniers considèrent IKEA comme l'un des meilleurs magasins spécialisés de la région. Et cela est devenu l'un des plus gros défis de l'entreprise. La concurrence s'est intensifiée au cours des vingt dernières années, et il y a de plus en plus d'alternatives, de grandes chaînes de magasins spécialisés ou boutiques spécialisées qui entrent en concurrence avec IKEA au niveau de chaque univers. Dans le même temps, la croissance des volumes au fil des années a renforcé le besoin d'un circuit logistique efficient à travers toute la chaîne d'approvisionnement et de distribution en vue de préserver le niveau bas des prix. Même si la taille moyenne des magasins IKEA est passée de 15 000 m^2 il y a quelques années à 35 000 m^2 en 2009, et même si le client peut maintenant commander des produits en magasin et se les faire livrer directement chez lui, IKEA s'efforce toujours d'avoir suffisamment de stock en magasin pour mériter sa réputation et être l'un des meilleurs magasins spécialisés dans chacune des catégories de sa gamme. Les magasins exposent en moyenne environ 8 500 articles. Il existe une pression constante pour réduire cette quantité de produits et rester efficient dans leur manutention. Présenter en magasin à la fois un large assortiment d'articles et préserver une logistique efficiente sont deux objectifs qu'on peut difficilement accommoder. À chaque fois qu'IKEA doit privilégier l'un d'entre eux, l'efficience logistique est pratiquement toujours préférée. La raison est qu'au bout du compte, des niveaux de coûts bas sont indispensables pour préserver des prix accessibles, et un prix accessible sera toujours la première priorité d'IKEA.

L'accent mis sur le développement de nouveaux produits constitue un autre aspect. Pour beaucoup de distributeurs, la nouveauté est une occasion très importante d'attirer plus souvent le client dans les magasins. Un taux de renouvellement élevé est pourtant contradictoire avec l'efficience logistique et les niveaux de coûts bas. Là aussi, IKEA privilégie encore l'efficience logistique. Le taux de renouvellement annuel a atteint 30 % puis est descendu à environ 20 % en 2010. Les créateurs de produits sont sans cesse sous pression pour développer de nouveaux produits correspondant aux attentes du marché. Coûts bas et prix accessibles : une nouvelle fois, les priorités sont claires.

La « gamme élargie de produits » soulève également une autre question : quelle doit être la proportion de cette gamme qui doit être adaptée aux marchés locaux ? Une gamme unique à travers de nombreux pays signifie de grands volumes et des prix/coûts bas. Historiquement, les adaptations locales se sont toujours limitées aux différences fonctionnelles telles que la taille des draps, des miroirs, des lits, des cuisines, etc. Toutefois, de temps à autre, différentes directions nationales font pression sur IKEA pour adopter des solutions plus locales. Dans les cas où ces demandes ont été satisfaites, l'identité de la gamme IKEA est devenue plus diluée, et les coûts ou la disponibilité des produits en magasin sont devenus incontrôlables. Par exemple, IKEA aux États-Unis a perdu des opportunités de ventes parce qu'on pensait que les cuisines et les armoires IKEA ne pouvaient pas être vendues sur ce marché (nous reviendrons sur ce point plus tard). Encore une fois, une gamme resserrée avec un contrôle des coûts a été préférée à un choix de gamme plus vaste. Le besoin d'adaptation de la gamme à un marché local est toutefois devenu plus important lorsque l'entreprise a commencé à s'implanter dans des pays à plus faible pouvoir d'achat. Dans ce domaine, la philosophie dominante a quelque peu changé, et davantage de solutions locales se sont développées pour satisfaire les besoins de ces pays avec des produits encore moins chers et avec des articles de rangement destinés à des habitations plus petites.

L'expression du style est un autre aspect intéressant de la gamme élargie. Les articles sont vus comme typiquement IKEA en Scandinavie, et typiquement suédois en dehors du pays. Il existe ici un conflit potentiel entre la volonté de « satisfaire le plus grand nombre » et celle de préserver une identité unique. L'attirance pour le design suédois est relativement limitée à l'extérieur de la Scandinavie. L'attitude de l'entreprise a toujours été qu'elle devait œuvrer pour attirer « le plus grand nombre » vers le style IKEA plutôt que de proposer des produits qui ressemblent à ceux des autres. Cela s'est avéré difficile dans la réalité. Les préférences des gens ont du mal à changer, et la majorité d'entre eux a toujours un goût assez traditionnel en matière d'ameublement. Ceci est surprenant lorsqu'on voit à quel point les gens sont modernes et prêts au changement dans d'autres domaines comme l'automobile, l'habillement, l'électronique, le voyage, etc. Lorsqu'on entre dans les habitations des jeunes, on est souvent frappé de voir combien l'ameublement intérieur ressemble souvent à celui des parents ou même des grands-parents. La faible propension au changement en matière de goûts constitue donc une limitation. Certains changements de style sont par conséquent toujours effectués prudemment, pour se rapprocher du « plus grand nombre ».

Passons maintenant au design des produits. Chez IKEA, le design esthétique ne se limite pas aux produits haut de gamme. Les marques « PS collection », « IKEA 365+ » et « IKEA Stockholm » bénéficient d'un très beau design. PS et 365+ sont des références de milieu de gamme, des produits destinés à un usage quotidien. Il est évident que l'esthétique doit être prise en compte dans la conception de tous les produits. Cependant, IKEA a, d'après moi, du mal à proposer un superbe design pour le segment de produits les moins chers, en dépit de la vision de l'entreprise.

Le produit IKEA doit être fonctionnel. Il s'agit ici d'une vraie caractéristique d'IKEA et d'un domaine dans lequel l'entreprise bénéficie d'une très bonne réputation auprès de ses clients. Solutions créatives, valeur ajoutée, produits multi-usages : autant de caractéristiques essentielles de la gamme de produits IKEA. Connaître le style de vie des gens chez eux est au cœur de tout ce que fait IKEA. C'est le point de départ pour la conception des produits et de la gamme, et c'est la base de l'élaboration des solutions complètes (salon, cuisine, etc.) proposées dans le catalogue et en magasin. La première priorité n'est pas l'esthétique du produit, c'est son aspect pratique : il doit fonctionner pour tout le monde et dans toutes les circonstances de la vie quotidienne. Les solutions de rangement sont l'un des points forts d'IKEA, les chambres à coucher et les cuisines sont les deux plus grandes catégories de gamme. Pour moi, la fonctionnalité est, avec le prix, les deux plus importants aspects du succès d'une gamme, et ils correspondent également à la vision d'amélioration du quotidien pour le plus grand nombre.

Mais qu'en est-il de la qualité ? IKEA déclare dans son projet proposer « une vaste gamme de produits d'ameublement esthétiques et fonctionnels à des prix accessibles », mais nulle part on y mentionne la qualité. Je me demande parfois si cela n'a pas poussé l'entreprise à moins privilégier la qualité. Si IKEA n'a jamais fait de produits jetables, la qualité doit correspondre aux besoins du client et n'est pas une fin en soi. Cela signifie par exemple qu'il ne faut pas mettre du bois massif à l'arrière d'un tiroir parce que ce type de qualité n'est d'aucune utilité pour le client et aurait pour seule conséquence d'augmenter les prix. Ceci est accepté et aide IKEA à être plus créative dans l'élaboration des produits. Il faut toutefois admettre que dans le passé, la pression pour baisser les prix a pu avoir un effet négatif sur la qualité des produits.

La perception de la qualité des produits est également affectée par le fait que le client doit monter le produit lui-même. Une telle option est nécessaire pour garder des coûts et des prix de vente à un niveau bas, mais cela exige une grande créativité de la part des concepteurs de produits et des techniciens pour que le montage et les instructions de montage soient suffisamment simples et que les clients puissent assembler les produits sans commettre d'erreurs, lesquelles pourraient être perçues comme un défaut de qualité des produits eux-mêmes.

Au cours des dernières années, des efforts ont été faits afin de renforcer la qualité des produits, même s'il s'agit sans doute d'un domaine où l'on peut toujours apporter des améliorations substantielles.

« Des prix si accessibles qu'ils mettront les produits à la portée du plus grand nombre. » C'est la déclaration la plus fondamentale qui existe chez IKEA. Les prix bas sont le fondement même de la vision et du projet IKEA. C'est la priorité numéro un, numéro deux et numéro trois.

Il ne faut pas sous-estimer la tarification. Le prix à lui seul n'est pas bien sûr un facteur suffisant. On doit y ajouter le design, la fonctionnalité et un large choix, ainsi qu'on l'a vu. La capacité de proposer des produits d'un très bon rapport qualité-prix comparé aux concurrents est la principale raison de la réussite d'IKEA.

Pour cela, il faut de l'audace. Celle d'oser ne pas être trop gourmand au niveau de la marge. Celle de croire qu'une réduction substantielle et non pas mineure des prix peut être profitable. Il faut aussi savoir réaliser des profits avec une telle contrainte. Pour beaucoup de distributeurs, avoir les prix les plus bas signifie être de 5 % à 10 % moins chers que les concurrents sur les produits comparables. Chez IKEA, cela signifie être au minimum de 20 % moins cher, et parfois jusqu'à 100 %. Dans la décennie 1999-2009, les prix ont été réduits de 20 % en moyenne sur l'ensemble de la gamme. Dans les pays occidentaux, plus de 80 % des clients affirment que les prix IKEA sont plus intéressants que ceux des autres. Lors de l'introduction de nouveaux produits importants, leur prix peut être inférieur de 50 % ou plus de ceux des entreprises concurrentes. La marge initiale sera donc très faible parce que les volumes de vente sont encore inconnus. L'idée sous-jacente est que d'une part, les concurrents seront incapables de s'aligner ; et d'autre part, des prix très intéressants vont entraîner une croissance importante des volumes de vente : des meilleurs prix d'approvisionnement vont alors faire remonter la marge au niveau voulu. Il s'agit d'un bon exemple de cette audace, avec la conviction que proposer des prix bas au départ finira par être récompensé, et qu'opter pour de faibles marges constitue en réalité un investissement payant à terme.

Quel est donc le secret ? Comment IKEA peut-elle proposer des prix aussi bas tout en faisant du profit ?

Le secret réside dans la maîtrise et la coordination de l'ensemble de la chaîne de création de valeur, depuis les matières premières, la production, la conception de la gamme et la distribution jusqu'à la commercialisation dans les magasins. La plupart des autres entreprises de grande distribution contrôlent soit la partie commercialisation (magasins et circuits de distribution), soit la partie conception de produit et production. Comparée à la majorité de ces entreprises, IKEA est donc une organisation complexe qui détient à la fois la production, la conception de la gamme, les circuits de distribution et les magasins. Elle s'approvisionne dans plus de 50 pays et commercialise ses produits dans 28 pays. Cette complexité est un défi mais également le principal facteur de différenciation et un avantage concurrentiel lorsqu'on s'y prend comme il faut.

Faire fonctionner l'ensemble du circuit, en coordination avec les prix de vente les plus bas possibles pour principal objectif, procure des résultats. Toutes les décisions dans cette chaîne sont prises avec la volonté de proposer les meilleurs prix : une gamme commune resserrée plutôt qu'un vaste choix composé de nombreuses adaptations locales, une efficience logistique dans l'ensemble du circuit, une conception de gamme basée sur une connaissance approfondie tant des capacités de production que des besoins de la clientèle, des volumes importants, un système d'approvisionnement présent dans plusieurs pays et qui sait dans quelle région du monde trouver les meilleures capacités de production pour chaque catégorie de produits. Aucun produit ne peut entrer dans la gamme s'il ne peut être commercialisé en kit. Le client fait partie intégrante de la chaîne en choisissant, payant, transportant et montant le produit lui-même, réduisant ainsi les prix. La plupart des gens ont en effet davantage de temps que d'argent !

La clé de tout cela est IKEA of Sweden (IOS), à Älmhult, en Suède, le centre de conception de tous les produits de la marque. IOS est une organisation inconnue du grand public, mais qui est d'une importance vitale pour l'entreprise. Elle développe la gamme de produits et la coordination des fournisseurs jusqu'aux clients. Dans ce lieu unique sont regroupées les compétences de plus de 1 000 collaborateurs. C'est un avantage pour le transfert des connaissances, le partage des méthodes de travail ou des systèmes d'information. Cela facilite les planifications successives et les mouvements du personnel à travers différents fonctions et secteurs. En interne, on discute souvent de la taille de cette structure et des difficultés à recruter du personnel dans la petite ville d'Älmhult, si loin des grandes villes. La nécessité de déplacer tout ou partie d'IOS est souvent débattue. Pour ma part, je pense que les choses doivent rester telles quelles. L'une des raisons majeures de la réussite d'IOS est qu'elle est concentrée géographiquement, et il est très important qu'elle reste à Älmhult, pour renforcer les racines suédoises de l'entreprise.

La dernière réflexion au sujet de la gamme de produits porte sur la manière de déterminer les priorités commerciales. Disposer d'une gamme élargie qui comprend tout pour la maison signifie qu'il faut faire des choix lorsqu'on décide quelles parties doivent être privilégiées. Ainsi qu'on l'a vu plus haut, les magasins sont limités sur le nombre d'articles qu'ils peuvent exposer, et d'autre part le budget marketing est limité pour la communication sur les médias externes. Historiquement, la priorité a été de consacrer une attention et des ressources identiques à tous les niveaux de la gamme. Le résultat était que la croissance des ventes a été relativement bien répartie sur toute la gamme. Cette stratégie a changé en 2004. L'idée fut alors de se concentrer sur les deux univers les plus dynamiques de la gamme, la salle à manger et la cuisine, pour leur faire atteindre des niveaux de vente très élevés. Ces deux univers devaient alors devenir le moteur de croissance dans tous les magasins de chaque pays. À eux deux, ils contribuaient à 40 % du chiffre d'affaires total d'IKEA. Ces univers étaient les plus choyés en matière d'approvisionnement et par les clients. Il a été donc décidé que pendant au moins trois ans, les efforts marketing sur ces univers devaient être plus importants, au détriment des autres branches.

On leur consacrerait plus de place en magasin et dans le catalogue, plus de ressources financières à leur marketing, pour rénover les surfaces d'exposition dans les magasins et dans la formation des employés, et davantage de services et des investissements dans de meilleurs systèmes d'information et d'assistance. Et par-dessus tout, des efforts considérables de réduction de prix sur les produits clés.

Dès la première année, l'univers salle à manger atteignait déjà une croissance de 20 %. Pendant les deux années suivantes, salle à manger et cuisine bénéficiaient d'une augmentation des ventes largement supérieure à celles des autres univers. En plus, contrairement aux craintes de certains, les ventes des autres univers n'avaient pas baissé. Il sera très difficile à l'intérieur d'IKEA de résister à la tentation de revenir en arrière. Il y aura toujours beaucoup de bonnes raisons pour porter plus d'attention aux autres univers. Pour moi, la force d'IKEA tient cependant dans sa capacité à concentrer ses efforts sur une partie limitée de sa gamme ; c'est ce qui permet le développement d'avantages concurrentiels à long terme et une croissance plus forte. Nous avons constaté de nombreuses fois les résultats positifs d'une telle stratégie.

La plupart des distributeurs doivent faire face au conflit potentiel entre d'un côté, proposer des prix concurrentiels et faire des profits, ce qui dans la plupart des cas signifie une gamme/un choix limité, une faible qualité, peu de renouvellement de nouveaux produits et une standardisation sur de nombreux marchés (avec une faible adaptation aux conditions locales), et de l'autre, proposer une gamme attractive avec un large éventail de choix, une qualité haut de gamme, de nombreux nouveaux produits adaptés aux marchés locaux, qui entraînent une structure de coûts élevés et par conséquent des prix élevés. Aucun de ces extrêmes ne semble être réellement rentable. La meilleure manière d'atteindre un bon équilibre entre prix concurrentiels, rentabilité et offre attractive consiste à contrôler l'ensemble de la chaîne de valeurs en vue de créer des produits et des prix uniques dans une gamme suffisamment large pour que l'entreprise soit perçue comme un spécialiste dans tous ses domaines d'activité. Le taux de renouvellement des produits et le taux d'adaptation au marché local dépendent essentiellement du secteur et du marché sur lesquels l'entreprise opère.

Une chaîne d'approvisionnement pour proposer des prix accessibles

Si le caractère unique de l'offre est établi par la gamme de produits, la compétitivité des prix et la rentabilité sont générées par la chaîne d'approvisionnement. Dans ce domaine, la clé du succès est le contrôle de la chaîne d'approvisionnement, de la production jusqu'aux points de vente.

Avec les magasins, la structure d'approvisionnement a toujours été la partie la plus prestigieuse d'IKEA, plus que la conception des produits, les ventes et le marketing, les finances, la logistique, la distribution ou les ressources humaines. On peut expliquer cela en partie en fonction des valeurs IKEA : être proche de la réalité, être en première ligne et apprendre les bases dans les magasins et chez les fournisseurs sont des principes fondamentaux de l'entreprise. Les directeurs de magasin et les responsables de l'approvisionnement ont été et sont les héros de l'entreprise.

L'importance de la structure d'approvisionnement était déjà évidente au début des années 1960 lorsque IKEA a décidé de s'approvisionner en Pologne. La capacité de réduire le prix d'achat de 50 % ou plus pratiquement du jour au lendemain a eu un impact important sur l'entreprise. L'avantage concurrentiel en matière de prix de vente a permis à IKEA de réaliser en même temps d'excellents profits. Pendant la période communiste, l'essentiel de la production des pays d'Europe de l'Est était exporté en Russie ou dans les autres pays communistes. L'entrée d'IKEA sur la scène était une occasion pour la Pologne d'exporter en Occident. IKEA avait également l'avantage d'être la première entreprise occidentale à avoir cette approche, et pouvait tirer profit des faibles coûts d'achat. C'était néanmoins un environnement difficile pour travailler. Des organismes de planification centrale prenaient les décisions alors que leurs connaissances du monde des entreprises étaient très limitées, et les compétences dans les usines de production d'ameublement étaient insuffisantes. IKEA a toutefois réussi à puiser une partie importante de son approvisionnement en Europe de l'Est dans les années 1970 et 1980, et cela lui a permis à la fois de proposer des prix bas et de faire du profit. Malgré tout, le manque de ressources et de compétences chez les fournisseurs d'Europe de l'Est ainsi que les problèmes de coordination et de méthodes de travail pratiquées alors chez IKEA ont entraîné des problèmes aussi bien au niveau de la qualité des produits que de leur disponibilité en magasin. C'est ainsi que dans les années 1970 et 1980, l'entreprise a eu un peu involontairement une réputation de mauvaise qualité et de stocks insuffisants, réputation qu'elle mettra plusieurs années à corriger.

La chute du mur de Berlin en 1989 a changé la situation. Les subventions publiques disparaissaient et les monnaies des pays d'Europe de l'Est qui étaient alors arrimées au rouble perdaient de leur valeur. Les prix exigés par les fournisseurs grimpaient en flèche, et une nouvelle stratégie d'approvisionnement était nécessaire.

Jusqu'à ce moment-là, IKEA avait deux principes très importants en matière d'approvisionnement : l'entreprise ne devait jamais posséder une unité de production ni acheter une proportion trop importante de la production d'un seul fournisseur. La raison en était simple : IKEA voulait préserver sa flexibilité et sa capacité de réduire facilement la production si nécessaire, et voulait également se prémunir contre le risque de perdre l'ensemble d'une production sur des produits clés en cas d'incapacité soudaine du fournisseur (à cause d'un incendie, de faillite, etc.). Mais ces principes ont été abandonnés dans les années 1990 pour de très bonnes raisons.

La première stratégie d'approvisionnement dans les années 1990 était caractérisée par quatre éléments principaux : déplacer la production vers de nouveaux pays à bas coût, notamment en Asie ; réduire sérieusement le nombre de fournisseurs ; accorder une attention très particulière à la réduction des prix et à une plus grande concurrence entre les bureaux d'achat ; et démarrer une production en interne avec l'acquisition de l'entreprise Swedwood.

L'effort entrepris pour accroître l'approvisionnement en Asie était très important et avait un impact significatif sur les prix d'achat. IKEA a installé des bureaux d'achat en Chine, en Inde, au Pakistan, au Bengladesh, au Viêtnam, en Malaisie, en Thaïlande et en Indonésie. Le résultat était mitigé dans ces pays. Le principal moteur était et est toujours la Chine. En 2000, 22 % de tout l'approvisionnement d'IKEA venaient d'Asie, dont la moitié, soit 10 %, de Chine. Dix ans plus tard, en 2009, 30 % de tous les achats effectués par IKEA provenaient d'Asie, dont les deux tiers (20 %) de Chine. Jusqu'ici, la proportion de meubles en provenance d'Asie est très faible, par contre la part des produits de grande consommation est très élevée dans certaines catégories de produits.

En 2000, la Chine et la Pologne représentaient à eux deux près de 20 % de tous les achats d'IKEA. Dix années plus tard, en 2009, ce chiffre s'élevait à près de 40 %. Ces deux pays sont donc extrêmement importants pour IKEA, et je pense que la contribution de ces pays continuera encore à progresser à l'avenir.

Le deuxième changement stratégique important opéré dans les années 1990 était la réduction du nombre de fournisseurs. En 1990, le chiffre d'affaires d'IKEA était de 2,7 milliards d'euros, et l'entreprise comptait environ 2 500 fournisseurs. En 2009, la taille de la gamme de produits était identique, le chiffre d'affaires atteignait 21,5 milliards d'euros et l'entreprise n'avait plus que 1 120 fournisseurs. Dix fois plus de ventes pour moitié moins de fournisseurs : il s'agit d'une transformation remarquable en l'espace de vingt ans.

Cela signifiait bien évidemment l'abandon du principe de ne pas acheter une part importante de la production d'un seul fournisseur. De nombreux fournisseurs vendent aujourd'hui l'intégralité ou presque de leur production à IKEA. Cela crée certains risques, mais ces risques sont acceptables étant donné l'importance de l'avantage généré. Le résultat ne se limite pas seulement à des volumes d'achat plus importants, ce qui entraîne une réduction des prix, mais porte également sur des gains d'efficacité en termes de logistique, de transport, de productivité et de contrôle qualité.

Le troisième élément de la stratégie, une attention très forte accordée à la réduction des prix d'achat et une plus grande concurrence entre bureaux d'achat, avait des avantages et des inconvénients. Cela a assurément permis de réduire les prix. Tous les systèmes d'incitation et de suivi avaient pour principaux objectifs de réduire les prix. La compétition entre les bureaux d'achat a créé une émulation auprès de plusieurs partenaires de la structure d'approvisionnement, mais a aussi entraîné des « optimisations » négatives. Aucune amélioration notable n'apparaissait dans les domaines de la disponibilité de produits, la qualité, les coûts logistiques ou le packaging. Il devenait clair qu'être très performant dans un domaine ne résultait pas toujours dans un meilleur résultat d'ensemble.

Se concentrer sur un secteur est toujours une bonne initiative, mais il arrive parfois que les problèmes soient trop nombreux et trop complexes, et doivent par conséquent être traités d'une manière intégrée et systématique pour atteindre de meilleurs résultats.

Le quatrième élément important de la stratégie était la mise en place d'une unité propre de production à travers Swedwood Group. De son acquisition en 1991 jusqu'en 2009, ce dernier s'est développé et a atteint un chiffre d'affaires de 1,2 milliards d'euros, un effectif de 15 000 employés et 46 unités de production. En 2009, il fournissait près de 15 % du total des volumes d'achat d'IKEA.

Trois raisons ont poussé IKEA à démarrer sa propre production. Premièrement, IKEA est devenue trop importante pour certains produits d'ameublement clés, au point de ne plus pouvoir trouver de producteurs extérieurs capables de satisfaire les demandes. Deuxièmement, pour deux des plus importantes catégories de produits, les produits en particules et les produits en bois massif, l'entreprise a développé certaines techniques de production qu'elle cherche à garder dans la confidentialité, ce qui justifie leur production en interne. Enfin, troisièmement, Swedwood Group sert de référence, d'exemple et d'initiateur de nouvelles normes de production aux autres fournisseurs. Celui-ci est également devenu un centre de compétences internes en matière de développement de nouveaux matériaux et de nouvelles techniques de production.

La réussite de Swedwood ne fait donc aucun doute. Grâce à cette filiale de production, IKEA a pu renforcer son avance par rapport à la concurrence, notamment dans l'ameublement fabriqué à partir de panneaux de particules.

En conclusion, IKEA a fait preuve d'une anticipation remarquable dans certains domaines importants de sa chaîne d'approvisionnement dans les années 1990 : la délocalisation dans les pays à bas prix en Asie, la réduction du nombre de fournisseurs et l'acquisition de Swedwood, sa propre unité de production. Les problèmes liés à l'augmentation des prix d'achat consécutifs à la chute du mur de Berlin, ont une nouvelle fois été transformés en opportunités dans le but de réduire davantage les prix d'achat.

En 2000, avec la délocalisation d'une proportion plus importante de la production en Asie, IKEA a pu encore réduire davantage le nombre de ses fournisseurs. Cela n'était cependant pas suffisant pour être à la hauteur des ambitions de la stratégie « Ten Jobs in Ten Years » (2000-2009). L'objectif était alors de continuer à réduire les prix de vente de 20 % pour les dix années suivantes, ce qui entraînait une diminution de 20 % des prix d'achat.

Une nouvelle stratégie était donc de nouveau nécessaire en vue d'améliorer la chaîne d'approvisionnement. Cette fois-ci, une simple réduction des prix était insuffisante, il fallait améliorer substantiellement la disponibilité des produits, leur logistique et leur qualité. Enfin et non des moindres, il fallait également répondre aux défis de l'amélioration des conditions sociales et environnementales des fournisseurs.

Même si les résultats ont été très bons en matière de prix d'achat, la nouvelle stratégie n'allait pas sans poser quelques problèmes. IKEA avait beau avoir une gamme commune, une organisation commune des circuits de distribution et une structure commune d'achat, il existait un grand décalage dans la chaîne d'approvisionnement. Chaque entité de la chaîne (conception de gamme, circuit de distribution, approvisionnement et commercialisation) opérait de son côté. L'entreprise est et a toujours été organisée fonctionnellement. Il n'y avait pas de coordination des buts et des objectifs ; les processus de travail, l'élaboration du calendrier et des systèmes d'information ont été construits séparément, sans lien entre eux. La structure d'achat avait pour priorité le prix d'achat du fournisseur. Les magasins exigeaient des livraisons plus régulières, des produits non endommagés et une bonne disponibilité de ces produits. L'organisation en charge de la distribution se préoccupait de remplir les camions et de développer un transport économiquement performant. En raison du manque de coordination, de la structure d'achat avec une planification à court terme, l'entreprise ignorait les orientations à long terme de ceux qui concevaient les gammes de produits. Connaître ces orientations lui était pourtant nécessaire puisque les quantités à commander chez les fournisseurs en dépendaient, et elle en était réduite à faire des suppositions. De même, les services responsables de la commercialisation planifiaient leurs actions commerciales avec une coordination limitée avec la chaîne d'approvisionnement. Tout cela a eu pour résultat des frustrations croissantes et une absence de confiance entre les différentes fonctions. Une partie des effets positifs de la baisse des prix d'achat se retrouvait annulée par l'augmentation des coûts de distribution, des produits endommagés, des problèmes de qualité, ainsi que par des coûts de manutention de plus en plus élevés en magasin. Mais le point le plus problématique était la disponibilité des produits en magasin qui ne s'était pas améliorée.

Tout cela a été repensé dans l'élaboration de la nouvelle stratégie d'approvisionnement. Cette stratégie reposait sur l'optimisation de l'ensemble de la chaîne d'approvisionnement plutôt que de ses éléments pris individuellement. Le nouvel objectif commun de l'ensemble de la chaîne d'approvisionnement était désormais la baisse du coût d'approvisionnement total, ce qui comprend le prix d'achat chez le fournisseur, les coûts de distribution et de transport, la disponibilité des produits, la qualité des articles et l'amélioration des conditions sociales et environnementales chez les fournisseurs.

La transformation de la chaîne d'approvisionnement d'IKEA, d'une structure fonctionnelle en une structure orientée processus, avec tout ce que cela suppose : – une stratégie de chaîne d'approvisionnement commune, une nouvelle structure organisationnelle, de nouvelles méthodes de travail et un nouveau système d'information – a probablement été l'un des plus grands changements opérés dans l'entreprise.

La structure des circuits de distribution, qui comprenait la gestion des entrepôts, le transport, la planification de l'approvisionnement et de la logistique, a été intégrée en même temps que la structure d'achat dans une entité commune de gestion de la chaîne d'approvisionnement. Ensuite, toutes les procédures de travail qui étaient orientées fonctions, étaient orientées processus, ce qui signifiait que tous les processus de travail entrant dans l'approvisionnement devaient faire l'objet d'une coordination depuis les fournisseurs jusqu'aux magasins. Par conséquent, tous les systèmes d'information utilisés dans la chaîne d'approvisionnement devaient également être changés. Concrètement, cela signifiait remplacer des centaines de systèmes d'information et d'applications. Le changement portait également sur de nouveaux objectifs communs et un nouveau pilotage financier de la chaîne d'approvisionnement. Ce changement concernait des milliers de collaborateurs qui devaient changer leurs comportements et recevoir une formation pour utiliser les nouveaux systèmes d'information. Enfin, ce changement se déroulait alors que l'entreprise croissait de 10 % à 15 % par an et baissait les prix d'achat de 20 % sur cette période de dix ans.

La transformation aura pris plus de dix ans en tout. De nombreux débats auront eu lieu pour déterminer s'il aurait été possible d'agir plus rapidement, en se focalisant sur d'autres secteurs et en ayant d'autres priorités. Bien évidemment, certaines choses auraient pu être faites différemment et en mieux, mais cela n'aurait porté que sur des points marginaux. Dans l'ensemble, je pense qu'il est préférable d'être très prudent avec un projet de cette envergure. La première priorité doit en effet être d'assurer la continuité au quotidien de la chaîne d'approvisionnement, afin que le fonctionnement normal de celle-ci ne soit pas entravé pendant ce changement. Procéder par petites étapes présente ainsi moins de risques que d'opérer de grandes transformations rapidement. De même, le changement lui-même est une opportunité incroyable d'apprentissage. Il est préférable d'intégrer ces enseignements dans ces processus de changement plutôt que d'attendre que tout soit terminé pour remettre en question certains éléments. Je pense aussi qu'il n'est pas judicieux d'allouer la totalité des ressources de l'entreprise dans un projet à long terme, car l'entreprise doit produire des résultats au quotidien. Enfin, la plupart des gains résultant d'un tel changement apparaissent pendant le changement lui-même. Il n'est pas nécessaire d'accélérer la conduite du changement pour en percevoir les gains concrets.

Cette transformation de la chaîne d'approvisionnement a donc été l'élément principal de la nouvelle stratégie d'approvisionnement, mais cette dernière comprenait également d'autres éléments. Ainsi les efforts pour augmenter la proportion de l'approvisionnement en provenance d'Asie et réduire le nombre de fournisseurs se sont poursuivis. La part de l'Asie passait de 22 % à 30 % entre 2000 et 2009 ; et le nombre de fournisseurs a constamment baissé de 2 000 à 1 200 pendant ces dix mêmes années.

Des efforts se sont également portés sur l'augmentation des livraisons directes des fournisseurs aux magasins pour réduire les coûts d'approvisionnement. La proportion des livraisons directes est ainsi passée de 25 % à près de 40 % en 2009. Cela a été rendu possible grâce à des volumes de vente plus importants ainsi que par l'augmentation de la surface des magasins. Un changement important a également été entrepris dans la stratégie de distribution. Jusque-là, tous les entrepôts centraux stockaient l'ensemble de la gamme (à l'exception des articles en livraison directe). Dans la nouvelle stratégie, les biens durables, qui représentent près de 10 % des ventes mais 50 % des articles, sont désormais stockés dans un ou deux entrepôts centraux qui servent toute l'Europe tandis que les produits de grande consommation qui composent 50 % des volumes vendus sont stockés dans des entrepôts à proximité des marchés locaux. Il est possible ainsi de combiner optimisation des coûts de transport et livraisons fréquentes dans les magasins, et réduire les stocks de sécurité en entreposant les biens durables sur un ou deux sites seulement. Un accent particulier a également été mis sur l'amélioration de la logistique interne des magasins. La réduction du nombre de mouvements des produits à l'intérieur des magasins a été le facteur le plus important pour améliorer la productivité de ces dernières années.

Enfin, une dernière transformation importante concerne l'introduction de packagings davantage prêts à la vente, et une amélioration des solutions de conditionnement des produits de l'ensemble de la gamme. Ce qui a une nouvelle fois permis une réduction du nombre d'heures de travail dans les magasins pour la prise en charge des produits.

Tous ces changements sont des illustrations d'une chaîne de valeurs plus intégrée dans laquelle les différentes parties collaborent pour la réalisation d'objectifs communs.

Swedwood, la filiale de production, a opté pour l'augmentation de l'intégration en amont avec pour objectif de créer de nouveaux avantages concurrentiels en termes de prix. Alors qu'elle n'avait initialement que des usines de production, elle a progressivement pris le contrôle des matières premières, des scieries, des fournisseurs de panneaux de particules et des usines de fabrication de pièces détachées. Cette intégration en amont a permis à IKEA de générer de nouveaux gains dans la chaîne de production, partie où on peut optimiser au mieux l'utilisation de matières premières, la production et le transport.

Le développement de nouveaux magasins dans des pays comme les États-Unis, la Russie, le Japon et la Chine a également entraîné l'augmentation des besoins d'approvisionnement sur place. La tendance actuelle est de recourir à un approvisionnement local permettant d'augmenter la proportion de produits provenant d'Asie pour les ventes en Asie, de produits originaires d'Amérique du Nord pour les ventes aux États-Unis et au Canada, et provenant de Russie pour les ventes en Russie.

Une meilleure coordination des achats à travers différentes catégories de produits constitue un autre changement stratégique important : d'une part dans la conception de la gamme concernant les différents univers, et d'autre part avec la structure de planification de l'approvisionnement. Ce qui donne à IKEA de nouvelles opportunités pour réduire les prix d'achat. Une fois de plus, la chaîne d'approvisionnement intégrée permet de générer de nouvelles possibilités de gains.

Cette stratégie d'approvisionnement subit un basculement important à partir de 2000 avec l'attention portée aux questions sociales et environnementales. Les conditions de travail et environnementales chez les fournisseurs des pays émergents étaient et sont des préoccupations constantes. Pour correspondre à sa vision d'entreprise responsable, IKEA a opté pour une politique ferme sur ces points, avec l'ambition de devenir un modèle en matière d'actions sociales et environnementales. Au tout début, les réactions en interne étaient très sceptiques. Les employés avaient différentes opinions sur ces sujets. Était-ce de la responsabilité des entreprises ou plutôt des pouvoirs publics ? Les employés et les clients se préoccupaient-ils réellement de ces sujets ? De quel droit IKEA pouvait-elle exiger des efforts de la part de ses fournisseurs ? Les coûts de ces actions n'allaient-ils pas nuire à la rentabilité et au bout du compte à la survie de l'entreprise ? Bref, les interrogations étaient nombreuses. Les employés dans les magasins étaient plutôt positifs pour ce changement, mais il existait une réticence au sein de la structure d'approvisionnement, notamment en Extrême-Orient.

Les nouvelles ambitions l'ont finalement emporté, et un nouveau code de conduite a été introduit en 2000 en précisant les exigences minimales imposées aux fournisseurs et les réponses d'IKEA à ces derniers en retour. Ces exigences, nous l'avons vu plus haut, comprenaient le respect de la législation locale, l'absence du travail forcé ou du travail des enfants, l'absence de discrimination, une rémunération équivalente à au moins le salaire minimum et le paiement des heures supplémentaires, un environnement de travail sain et sécurisé, l'élimination des déchets et des émissions de CO2 et le traitement des résidus chimiques. Une check-list d'environ 90 questions est aujourd'hui utilisée par 80 auditeurs qui parcourent le monde pour inspecter les 1 200 fournisseurs. Les auditeurs aident ces derniers à élaborer des plans d'action et à trouver des solutions en cas de non-conformité. Ils effectuent aussi des visites de suivi afin d'évaluer les progrès réalisés. En 2009, plus de 100 000 violations ont été constatées, et la majorité d'entre elles a été corrigée. Cela, je pense, illustre à quel point les conditions se sont améliorées chez les fournisseurs.

La lutte contre le travail des enfants chez les fournisseurs et les sous-traitants est l'un des aspects les plus importants de cette stratégie. En 2000, IKEA s'associe à l'Unicef pour éradiquer le travail des enfants dans la région dite du « Carpet Belt » du nord de l'Inde. D'ici à 2015, IKEA aura appuyé différents projets de l'Unicef en Inde avec un budget total de près de 150 millions d'euros, ce qui fait d'elle le contributeur le plus important de l'Unicef dans le monde des entreprises.

Aujourd'hui, les efforts sociaux et environnementaux font partie intégrante de la stratégie de la chaîne d'approvisionnement d'IKEA.

En guise de conclusion, nous pouvons dire que la chaîne d'approvisionnement d'IKEA a évolué avec le temps. Au tout début, l'entreprise a bénéficié d'un approvisionnement à l'international mais cet avantage a très vite disparu en raison de la chute du mur de Berlin en 1989. IKEA a alors trouvé rapidement de nouvelles opportunités grâce à la délocalisation de son approvisionnement en Asie, la réduction du nombre de ses fournisseurs et la création de sa filiale de production Swedwood. La quête de nouveaux moyens pour réduire les prix d'achat et la nécessité de répondre à d'autres défis tout aussi importants comme la disponibilité des produits, la qualité et les questions sociales et environnementales ont poussé IKEA à entreprendre un changement de sa chaîne d'approvisionnement, qui, de fonctionnelle, s'est transformée en une organisation orientée processus, ce qui lui a permis de dénicher de nouvelles opportunités. Ainsi, les prix d'achat ont baissé de 20 % entre 2000 et 2009, conformément à ce que prévoyait la stratégie « Ten Jobs in Ten Years ». Un point de non-retour a été franchi dans la transformation de l'organisation de cette chaîne d'approvisionnement, et l'entreprise est en bonne voie dans la restructuration de son système d'information. Tout cela a entraîné une amélioration réelle de la disponibilité des produits dans les magasins.

La gestion de la crise financière de 2008 est la preuve de la qualité de cette nouvelle stratégie : IKEA a été capable d'adapter très rapidement le volume des stocks et de préserver une bonne disponibilité de ces produits lors de la chute soudaine des ventes à l'automne 2008. Je pense qu'un tel exploit n'aurait pas été possible sans cette nouvelle organisation.

Ce processus de changement peut encore donner lieu à de nombreuses opportunités, mais IKEA va se trouver confrontée aussi à d'autres défis. L'un d'entre eux est le besoin d'accroître l'approvisionnement local en Russie et en Amérique du Nord. Certaines initiatives sont en cours, mais de nombreux efforts seront encore nécessaires pour rendre ces marchés profitables. La filiale de production Swedwood Group pose également un problème. Les usines de celui-ci implantées en Russie souffrent toujours d'une rentabilité médiocre et d'un manque de compétitivité. L'intégration de Swedwood avec IKEA pose également breux problèmes, et des choix stratégiques importants devront être pris à ce sujet.

Une chaîne d'approvisionnement efficiente est impérative pour toute entreprise de grande distribution. Seules les meilleures seront concurrentielles au niveau des prix et de la rentabilité. La transformation de la chaîne d'approvisionnement d'IKEA depuis les années 1960 à nos jours m'a appris l'importance majeure des actions décisives en la matière si nous voulons obtenir de nouveaux avantages substantiels. Cela inclut l'entrée en Pologne et en Europe de l'Est dans les années 1960, l'ouverture vers l'Asie et la mise en place d'une filiale de production (Swedwood) dans les années 1990, la transformation de la chaîne d'approvisionnement fonctionnelle en une organisation orientée processus ainsi que des améliorations en matière de conditions de travail et environnementales chez les fournisseurs au cours de la dernière décennie. Les actions limitées et progressives sont positives, mais ce sont les grands changements combinés à des investissements, à une prise de risque et à des perspectives à long terme qui font la différence. Pour réussir, l'entreprise doit être guidée par sa vision et ses valeurs, et ses actionnaires doivent être prêts à faire les investissements nécessaires et à prendre des risques.

Des points de vente efficients

Un point de vente doit être à la fois un endroit qui inspire, un lieu qui attire les clients, une expérience d'achat passionnante et facile, tout en étant financièrement rentable.

Le chiffre d'affaires des magasins IKEA s'est considérablement accru au fil des années. Il est courant aujourd'hui qu'un magasin fasse un chiffre d'affaires de 100 millions d'euros par an. Les magasins sont ouverts entre soixante et soixante-dix heures par semaine. La plupart d'entre eux gèrent un effectif de plus de 500 personnes, et cet effectif peut varier de 30 à 80 % par an. Plus de la moitié des employés des magasins ont moins de deux ans d'expérience. Plus de 50 % travaillent à temps partiel. Chaque magasin accueille en moyenne plus de 2 millions de visiteurs par an. Les exigences en matière de services clients n'ont cessé d'augmenter au fil des années, et la pression pour baisser les coûts est plus élevée que jamais. Le personnel représente près de 40 % des coûts d'un magasin IKEA. Il est essentiel d'augmenter la productivité d'un magasin pour préserver le niveau global des coûts et continuer de proposer des prix bas. Un dilemme s'est posé au cours de la décennie 1999-2009 : pour préserver le rythme annuel de baisse des prix de vente de 2 % tout en proposant une augmentation salariale de 3 % par an en moyenne, il fallait réaliser une augmentation de la productivité de 5 % par an, et ce uniquement pour maintenir un niveau de coût constant. Un accroissement de la productivité de 5 % par an a certes été atteint, mais il en faudrait probablement 8 à 10 % pour améliorer cette structure de coûts. Jusqu'ici, cela s'est révélé être un objectif difficile à atteindre en raison des problèmes qui se posent en matière d'amélioration des magasins, d'extension des heures d'ouverture et de mise en place de meilleurs services.

Quelles sont les stratégies clés pour réussir à faire fonctionner de manière efficiente un point de vente, en combinant des exigences élevées et une hausse de la productivité ? Il faut d'abord que tout l'effort soit concentré sur la mise en place de conditions de fonctionnement optimales dans les magasins. La priorité doit être de simplifier les opérations en magasin. Il faut ensuite intégrer davantage les clients dans la démarche de vente, c'est-à-dire les pousser à prendre une part plus active tout en bénéficiant d'un meilleur niveau de services. Il faut que les établissements aient pour principale priorité la gestion des ressources humaines. Enfin, il faut travailler sans relâche pour s'améliorer et atteindre un niveau d'excellence opérationnelle à travers le *benchmarking*[1].

Mettre en place les conditions idéales dans un magasin signifie un certain nombre de choses : standardisation des solutions de vente, recours à une logistique qui minimise le mouvement et la manutention des produits dans le magasin, utilisation de la technologie et des TIC pour simplifier les tâches du quotidien et les procédures. Si l'on revient à IKEA, la standardisation des solutions de vente est un mouvement assez récent. Dans les années 1990, la plupart des solutions de vente ont été conçues d'une manière isolée dans chaque pays. Aucune structure internationale ne supervisait ni coordonnait l'ensemble. De nos jours, pratiquement toutes les solutions de vente sont standardisées dans les magasins : le plan et la taille des zones d'exposition, les ensembles de produits (chambre, salon, cuisine, etc.), le matériel utilisé et les équipements. Le pilotage des ventes, c'est-à-dire les produits à promouvoir et les catégories de promotions, fait également l'objet de normes très spécifiques. Améliorer la logistique interne des magasins a été l'un des principaux challenges d'IKEA au cours des dix dernières années en vue de renforcer la productivité et d'augmenter la disponibilité des produits. Selon moi, il s'agit même de la principale explication du gain de productivité de 5 %

1 - Le *benchmarking* est une technique de marketing ou de gestion de la qualité qui consiste à étudier et analyser les techniques de gestion, les modes d'organisation des autres entreprises afin de s'en inspirer et d'en retirer le meilleur. C'est un processus continu de recherche, d'analyse comparative, d'adaptation et d'implantation des meilleures pratiques pour améliorer la performance des processus dans une organisation. (Wikipedia)

par an. Tout a été mis en œuvre pour que, dès leur arrivée dans le magasin, les produits soient immédiatement déposés dans leur zone d'exposition, sans stockage intermédiaire. Des efforts importants ont également été entrepris pour réévaluer tous les conditionnements, augmenter la quantité de produits transportés par palettes et maximiser les produits prêts à être vendus, sans conditionnements supplémentaires.

L'utilisation de la technologie et des TIC en magasin s'est améliorée considérablement au cours des dernières années. Il est difficile de croire qu'il y a seulement dix ans, nous n'avions ni Google, ni Youtube, ni iPod, ni iPhone, ni le haut débit. La révolution numérique est sans aucun doute une formidable opportunité pour améliorer les processus de vente et d'opération en magasin, mais elle constitue également une redoutable concurrence qui permet aux clients IKEA d'orienter différemment leurs achats, ainsi que le montre la baisse des dépenses en matière d'ameublement au profit de l'électronique et des télécommunications.

L'amélioration des conditions de visite d'un client potentiel peut s'illustrer par l'utilisation du Web pour préparer sa venue en magasin. En près de dix ans, le site d'IKEA est passé de pratiquement 0 à 500 millions de visites par an. Les TIC et les médias numériques vont prendre de plus en plus d'importance dans l'expérience magasin, en améliorant les services (caisses automatisées, vérification du prix des produits, cartes de fidélité, crédit), les opérations (fixation des prix, gestion des stocks) et les ventes (exposition de davantage de solutions et démonstration de l'utilisation des produits). Les nouvelles technologies faciliteront le travail des employés, mais elles vont certainement jouer un rôle déterminant pour mieux intégrer le client dans le processus de vente.

Intégrer davantage le client dans le processus de vente représente en effet la deuxième stratégie. Lorsqu'on implique un client dans une action, sa perception des services sera souvent plus positive, et ce, même si cela signifie qu'il doit s'impliquer plus. Un exemple chez IKEA, l'introduction des caisses automatiques. Cette technique peut également être mise en place pour le retour des produits. De même, le client peut non seulement voir les produits sur le site et y chercher des idées, mais il peut également télécharger des outils de planification de cuisine. Il peut créer lui-même le plan de sa cuisine et l'envoyer au magasin pour que ce dernier y apporte des corrections éventuelles, avant de procéder à l'achat. Cette possibilité est également en cours d'introduction dans les autres univers d'IKEA. À l'avenir, les clients pourront faire eux-mêmes toutes les étapes de la vente, y compris la prise de commande et le paiement. C'est là peut-être un élément moteur pour améliorer la productivité dans les années à venir.

La troisième stratégie porte sur la gestion des ressources humaines dans le magasin. 75 % des employés d'IKEA travaillent en magasin. Le principal rôle de la direction du magasin est de recruter, de former et de garder les collaborateurs motivés. Il s'agit là d'une tâche difficile dans l'environnement de la grande distribution. Mon opinion, confortée par mon expérience, est qu'il existe un certain nombre de facteurs clés pour gérer efficacement un magasin : un taux de rotation de l'effectif de l'ordre de 20 % par an, une proportion d'employés à plein temps qui ne doit pas être inférieure à 40 % ou 50 % de l'effectif, un maintien du personnel d'encadrement pendant cinq ans dans l'idéal, et dans tous les cas pendant trois ans au moins. Cette stabilité et cette continuité sont nécessaires, sinon on peut très vite se perdre dans la résolution des problèmes quotidiens plutôt que de s'engager dans le développement de l'activité. Un leadership fort, un accent mis sur le développement des compétences et une bonne planification du personnel sont les clés de la gestion des ressources humaines.

La quatrième stratégie consiste à recourir au *benchmarking* pour améliorer les performances du magasin. Dans les années 1990, IKEA a lancé une procédure d'évaluation commerciale dans laquelle ont été définies les qualités exigées pour toutes les sections d'un magasin. Il a été alors demandé aux employés les plus expérimentés d'effectuer des évaluations régulières des magasins sur la base de cette procédure. Celle-ci était pilotée au niveau du groupe, mais une partie de plus en plus importante de cette fonction était déléguée à chaque direction nationale au fil des années. L'évaluation commerciale était au départ une activité de contrôle, mais elle est maintenant devenue une activité d'apprentissage et de formation.

Le nouveau système mis en place en 2006 des indices de performances clés (KPI [Key Performance Indices]), pour tous les magasins IKEA et tous les pays où le groupe est présent, mesure tous les critères : vente, productivité, proportion des livraisons directes, services, etc. Il y a au total une vingtaine de KPI. Il est intéressant de constater que dans la plupart des cas, la différence entre les magasins les plus performants et les moins performants a été supérieure à 100 %. Il semble ainsi qu'il est encore possible d'avoir de grandes différences entre magasins qui partagent la même gamme, les mêmes concept-stores, les mêmes méthodes de travail, les mêmes systèmes d'information et les mêmes programmes de formation. IKEA allouait beaucoup de ressources pour différents nouveaux projets de développement, mais il était évident aussi que si elle voulait améliorer dans le même temps l'ensemble de ses magasins pour atteindre le niveau des magasins du top 25 %, le potentiel était gigantesque. Ces résultats pouvaient être obtenus pratiquement sans nouveaux développements.

Les deux exemples précédents illustrent les difficultés d'une gestion simultanée de l'innovation et de l'exécution. Pour moi, IKEA est de loin meilleure dans l'innovation que dans l'exécution de ces innovations. Une grande quantité d'idées de qualité pourraient être réalisées. Le défi consiste à garder cette force et en même temps de s'améliorer dans les opérations, et cela requiert davantage de centralisation, de standardisation, de discipline et de contrôle ; et tous ces aspects sont susceptibles d'être considérés comme l'antithèse même d'une entreprise innovante. Être innovant et être performant dans l'exécution ne sont donc pas choses aisées. C'est le problème de la liberté versus le contrôle. Du changement contre la standardisation. De la décentralisation contre la centralisation. De l'innovation contre l'exécution. La gestion de ces contradictions est un défi immense. De nombreuses entreprises y ont échoué et se sont retrouvées uniquement avec les inconvénients d'une grosse entreprise, comme la bureaucratie et l'autosatisfaction. D'autres ont pu maîtriser les avantages de la taille, avec des économies d'échelle et l'efficience, mais ont perdu leur personnalité et leur esprit PME.

IKEA est constamment en transformation, et elle doit s'assurer qu'elle peut réussir à la fois dans l'innovation et dans l'exécution, tout en gardant son âme.

La communication

La communication/marketing a toujours été l'une des disciplines qui m'ont le plus frustré. Quand je dois écouter des présentations interminables sur la segmentation du marché, la publicité de marque et le comportement des clients, je suis constamment tenté de revenir à la conception du marketing selon Dilbert : « Tout ce que vous avez besoin de savoir, c'est que vous vendrez plus de produits en baissant les prix ». Et souvent, les choses sont réellement aussi simples que cela.

Le mix média d'IKEA est composé, par ordre d'importance, du magasin, du site Web, du catalogue, du club IKEA Family, des brochures et dans une (très) moindre mesure de la publicité télévisée et autres formes de publicité. Chaque année, les magasins accueillent plus de 600 millions de personnes, et le site Web reçoit plus de 500 millions de visites. C'est naturellement vers là que les investissements marketing doivent aller.

Au fil des ans, IKEA a développé le concept de ses magasins et amélioré ses différentes techniques de merchandising. L'orientation du flux des clients est essentielle. De nombreux clients se plaignent d'avoir à parcourir une distance trop longue pour arriver aux caisses. De nombreux tests ont naturellement été pratiqués pour déterminer si le mode de circulation « libre » dans la plupart des grandes surfaces est meilleur, et les résultats ont toujours été favorables au flux orienté chez IKEA. La présentation d'ensembles complets et l'exposition de l'ensemble de la gamme de produits en magasin sont aussi essentiels. Nous savons que la plupart des clients veulent être aidés dans la composition des éléments d'ameublement afin d'obtenir les meilleures solutions.

De nombreux clients disent souvent qu'il est impossible de quitter le magasin sans acheter quelque chose. Une gamme attractive de produits et des prix intéressants en sont bien évidemment les causes, mais d'autres techniques de merchandising entrent également en jeu pour stimuler les ventes : chaque produit doit avoir une place spécifique et un rôle à jouer, que ce soit pour promouvoir les prix accessibles, l'esthétique, la qualité, le choix de produits, etc. De nombreux nouveaux ensembles sont testés en permanence et progressivement mis en place dans les magasins lorsque leur efficacité est prouvée, et pourtant ces changements sont à peine perceptibles pour le visiteur. Le modèle suivi est donc évolutionnaire plutôt que révolutionnaire. Malgré cela, il est surprenant de constater la quantité d'anciens ensembles d'ameublement qui ont su résister au passage du temps. IKEA va-t-elle finir par créer des boutiques en centre-ville ? Cette question est fréquemment posée, et la réponse pour moi est négative. La vraie force d'IKEA, ce qui rend son projet unique, est qu'on trouve tout ce dont on a besoin pour la maison dans un lieu unique. Toute boutique en centre-ville impliquerait des concessions qui affaibliraient ce projet. Je suis par conséquent un fervent partisan des magasins IKEA en périphérie des villes, des magasins qui pourraient même être plus grands que ceux d'aujourd'hui. Les ventes en ligne constituent une meilleure alternative pour atteindre tous ceux qui n'ont pas accès aux magasins IKEA.

Le site Web d'IKEA a pris une importance extraordinaire ces dix dernières années, et son potentiel est immense à l'avenir, aussi bien pour présenter la gamme que pour vendre et pour préparer une visite en magasin. Le catalogue IKEA a été la véritable star du mix média pendant de nombreuses années. Depuis les tout premiers débuts, la distribution en masse du catalogue dans tous les foyers d'une zone de commercialisation a été un trait caractéristique d'IKEA. Le catalogue est cependant remis en question depuis quelques années. Il n'a plus son côté exceptionnel. Beaucoup d'autres entreprises distribuent de gros catalogues dans de nombreux pays. La multiplication des magasins sur de nouveaux marchés et la population croissante des grandes villes font qu'il est financièrement impossible de distribuer le catalogue à tous les ménages. Dans de nombreux pays, les appartements et les boîtes aux lettres sont de plus en plus difficiles d'accès. Par ailleurs, je pense qu'IKEA n'est plus aussi performant dans l'élaboration d'un catalogue qui soit différent et intéressant chaque année. Le catalogue garde toujours un rôle important dans le mix média d'IKEA, mais il convient de changer son modèle de distribution. Les modes de distribution que je préfère sont la distribution ciblée à travers le club IKEA Family et une mise à disposition gratuite du catalogue dans les magasins.

Chez IKEA, la communication est très centralisée : aussi bien les contenus (gamme et prix) que l'organisation des magasins, le site Web, le catalogue, le club Family et les brochures sont conçus de manière centralisée afin de maximiser l'impact commercial des choix en matière de gamme. Seule la publicité, télévisée et dans les journaux, est laissée aux décideurs locaux. C'est là d'ailleurs que la qualité est la moins constante. Pendant les vingt-six ans que j'ai passé chez IKEA, je me souviens de deux, ou peut-être trois périodes, pendant lesquelles IKEA a bénéficié d'excellentes publicités sur les marchés locaux, publicités qui ont pu contribuer à améliorer la notoriété de l'entreprise. Je me souviens davantage des nombreuses campagnes qui ont été faites aux dépens de l'entreprise. Les bonnes publicités résultent de la rencontre entre un très bon directeur marketing et une très bonne agence de publicité. Tout cela m'amène à préférer une bonne vieille communication sur les prix et les produits dans les supports de bon rapport qualité prix comme les magasins, le Web et le club Family (sur Internet). Ce qui n'entraîne peut-être pas de grands bouleversements en termes d'image de marque, mais contribue à attirer des visiteurs dans les magasins. Bref, c'est le principe de Dilbert, si vous voulez.

Quelques mots, enfin, sur les restaurants IKEA, qui représentent maintenant un chiffre d'affaires de 1 milliard d'euros. Ces restaurants sont toutefois considérés comme faisant partie du mix communication plutôt que des centres de profits. C'est l'un des secrets des prix qui y sont pratiqués. La fonction des restaurants, épiceries et cafés IKEA est de vendre encore plus de produits d'ameublement. Les services restaurants IKEA sont là pour renforcer l'image « prix accessible » et pour retenir les clients plus longtemps en magasin.

Le renforcement de la coordination au niveau du groupe

Les multinationales comme IKEA se trouvent confrontées à deux grandes questions et contradictions potentielles lorsqu'elles analysent le meilleur fonctionnement et la meilleure structure organisationnelle possibles. Le premier défi est comment conjuguer la spécialisation forte des fonctions avec une vision et une approche d'entreprise uniques, ou en d'autres termes, comment être une organisation à la fois fonctionnelle et orientée processus. Je me réfère au début de ce chapitre à la différenciation par le contrôle de l'ensemble de la chaîne de valeur, qui est la clé du succès. Ce contrôle ne crée d'avantages que si l'entreprise est capable de le faire d'une manière efficace et intégrée. La réponse à ce problème est l'orientation processus. La seconde question qui se pose est la combinaison entre, d'un côté, esprit d'entreprise, c'est-à-dire initiatives individuelles et prises de décision rapides, et de l'autre, organisation efficace et rationnelle, capable de générer des avantages en termes d'économie d'échelle grâce à la coordination, aux procédures communes et à sa structure.

Vue de l'extérieur, IKEA apparaît sans doute comme une organisation bien coordonnée. C'est partiellement vrai. Des facteurs importants ont permis de préserver l'unicité de l'entreprise : une orientation claire grâce à un projet et des valeurs fortes ; une gamme commune de produits, un circuit de distribution et une structure d'approvisionnement partagés ainsi qu'un concept unique de magasins IKEA. Tous ces facteurs ont été des succès notables dès le début. Pourtant, lors de ma prise de poste en tant que PDG en 1999, l'une de mes préoccupations majeures était notre incapacité à travailler ensemble, et cela pour deux raisons. La première est que cela faisait partie de notre héritage, chose courante dans de nombreuses jeunes organisations. Dès le début, IKEA a été guidée par un esprit entrepreneurial caractérisé par une faible coordination, des charges fixes faibles et une rapidité d'action sans prendre le temps de réfléchir à la coordination ou à des méthodes de travail communes. La coordination était vue comme un signe de bureaucratie. Les gens qui désiraient travailler dans l'entreprise voulaient préserver leur indépendance et leur marge de manœuvre, et ces fortes personnalités ont petit à petit créé leurs propres fiefs composés de collaborateurs très motivés qui avaient la liberté d'essayer des innovations et de développer l'activité pratiquement comme ils le désiraient. Moi-même, j'ai énormément apprécié ce type de liberté dans mes postes antérieurs.

La deuxième raison est que pendant les seize années que j'ai passées chez IKEA, avant ma prise de poste de PDG, il n'existait pas de plan commun pour l'ensemble du groupe. Certes, différentes initiatives avaient eu lieu de temps à autre, mais il s'agissait de plans limités, à court terme. Il n'y avait pas d'objectifs et de stratégies communs qui mettaient en relation la vision et le projet IKEA, avec les nombreux plans d'action locaux dans les différentes composantes de l'entreprise. Chacune des différentes organisations avait par conséquent développé son propre plan d'action dans le but d'optimiser ses propres champs d'activité. Chaque marché national travaillait en toute indépendance, et il en était de même pour les structures d'approvisionnement, de distribution et de développement de gamme : chacun avait ses propres objectifs et cherchait à convaincre les autres de faire de même.

Les conséquences négatives de cette situation apparurent plus clairement au fur et à mesure qu'IKEA grandissait. La confiance entre magasins, conception de gamme, circuit de distribution et approvisionnement s'affaiblissait. Les directions de chaque marché national se développaient très rapidement et cherchaient à tout faire par elles-mêmes. Mais du fait des défaillances dans la chaîne d'approvisionnement, l'entreprise n'arrivait pas à résoudre les problèmes de disponibilité des produits, de surstocks et de qualité des produits. La croissance des charges fixes par conséquent devenait plus importante que celle des ventes. L'obligation à plus de coordination et à des procédures communes ne nous emballait guère parce que cela signifiait l'abandon de l'approche entrepreneuriale que nous privilégions tant. Cela expliquait d'un côté notre incapacité à appréhender une solution d'une manière claire, et d'un autre côté nous avions peur que cela ne transforme l'entreprise en quelque chose d'autre, quelque chose que nous n'aimerions pas.

C'était mon plus grand défi dans mes nouvelles fonctions. Nous avions besoin de transformer IKEA afin de poursuivre sa croissance et sa prospérité, et cette transformation allait entraîner de grands changements dans notre manière de travailler.

La première étape consistait à mettre sur pied un plan unique, « Ten Jobs in Ten Years ». Cette orientation pour dix ans était la base sur laquelle on allait s'appuyer pour unifier l'organisation et lui donner un plan d'action commun. Dans ce plan, l'une des dix actions était intitulée « Être une IKEA unique ». Voici quelques éléments de ce plan :

> « IKEA est une entreprise avec plusieurs spécialités et présente sur de nombreux marchés. Nous ne devons jamais oublier que l'avance concurrentielle d'IKEA résulte de la collaboration entre toutes les compétences, partageant la même vision IKEA. Nous voulons des cadres et des collaborateurs qui comprennent tous les aspects des opérations IKEA. Nous voulons des collaborateurs capables de réfléchir sur leurs fonctions, mais également capables de se mettre au niveau de la gouvernance d'IKEA. Nous pourrons alors puiser dans les compétences et les ressources de l'ensemble de l'entreprise si les cadres et les collaborateurs seront véritablement concernés par le partage et l'acceptation des idées des autres. »

« Nous devons abattre toutes les barrières entre les fonctions et les marchés, et créer une atmosphère de travail ouverte et basée sur la confiance, et de cette manière, agir comme une IKEA unique. » Deux grandes initiatives étaient prises pour mettre en œuvre cette mission. Il fallait changer le mode de pensée et passer d'une méthode de travail très fonctionnelle à une méthode orientée processus. Il fallait définir les processus principaux et les sous-processus, ensuite aligner les méthodes de travail et les systèmes d'information sur ces processus. Nous espérions de cette manière résoudre le problème d'une mauvaise coordination entre les quatre fonctions principales : commercialisation, élaboration de la gamme de produits, distribution et approvisionnement. La deuxième initiative consistait à aligner les méthodes de travail entre les différents marchés : cette initiative a été intitulée « Better retailing » (meilleure commercialisation).

Un système orienté processus

> « Imaginons que vous rassembliez toutes les voitures du monde dans une salle, puis que vous preniez les meilleures pièces des meilleures voitures : le meilleur moteur, le meilleur volant, le meilleur tuyau d'échappement, etc. À la fin, vous disposerez de tous les éléments nécessaires pour construire une voiture, avec des pièces provenant de différents modèles de différentes marques. La question est : si vous assembliez le tout, auriez-vous la meilleure voiture du monde ? Auriez-vous au moins une voiture qui roule ? Sans doute pas. Le fait que chaque partie fonctionne bien isolément n'entraîne pas sa réussite. La réussite vient de la capacité à travailler ensemble. C'est ce qui fait la meilleure voiture. »

Cette histoire a été racontée par le professeur Russel Ackoff, l'un des pionniers de la pensée systémique et des sciences du management. Je trouve que c'est une description très appropriée pour comprendre le travail en tant que processus et non en tant que fonctions.

IKEA était une voiture qui roulait, mais à peine. Son principal problème était la difficulté à travailler ensemble et à produire de meilleurs résultats.

IKEA est basée maintenant sur trois processus principaux – l'approvisionnement, la création de l'offre, ainsi que la communication et la vente – et quelques processus de soutien – la finance, les ressources humaines et la planification managériale.

L'approvisionnement était le processus principal le plus important à mettre en place. Nous en avons déjà vu les détails dans les chapitres précédents. C'est également dans ce processus que nous avons constaté les changements et les résultats les plus rapides, avec une nouvelle organisation et un nouveau management. La mise en place du processus de création de l'offre s'effectuait de manière satisfaisante et nécessitait moins de personnes et moins de changements systémiques. Le processus de la communication et de la vente était le plus difficile à améliorer. Il regroupait les structures fonctionnelles de la conception de gamme et de la commercialisation. Les relations entre ces deux structures étaient caractérisées depuis longtemps par un manque de confiance ainsi que des problèmes, et partager une perspective commune avec des solutions communes se révélait extrêmement difficile. Petit à petit pourtant, les sous-processus importants comme la politique de prix, le renouvellement des produits, la politique commerciale, le marketing, la planification des magasins, le lancement d'une gamme de produits, et l'orientation des ventes ont pu s'aligner.

La structure de développement de la gamme de produits, IOS (IKEA of Sweden), en jargon IKEA, est le centre névralgique d'IKEA. Tout part de la création de la gamme. IOS entre ensuite en relation avec la structure en charge de l'approvisionnement pour planifier les capacités de production, puis avec la structure de la commercialisation pour planifier la politique de prix, la politique commerciale, les activités de commercialisation et de communication destinées à renforcer les ventes. Lorsque toutes ces activités fonctionnent en harmonie sur la base d'une politique commune et d'objectifs communs, personne ne peut battre IKEA.

Une meilleure commercialisation

Le meilleur moyen de décrire cette initiative est de citer quelques paragraphes du document utilisé pour son lancement.

« Si l'on regarde la manière dont nous avons organisé nos activités de commercialisation au fil des années, la stratégie consistait à mettre en place des unités indépendantes dans chaque pays. Le développement et la coordination des ressources au niveau du groupe ont toujours été faibles, et chaque pays était responsable de l'acquisition et de l'allocation des ressources nécessaires pour développer et soutenir ses activités. Même si cette formule a permis notre réussite pendant des années, elle nous a également fait rater des opportunités importantes, si l'on tient compte du fait qu'IKEA est devenue une entreprise de taille mondiale, avec une gamme commune et un projet commun :

1 – Le pouvoir de négocier des opérations à grande échelle, qui rend possible l'achat de grandes quantités et par conséquent de meilleurs prix par rapport à des entreprises plus petites.

2 – Les ressources (financières et en compétences) qui, lorsqu'elles sont coordonnées, permettent de développer et d'investir dans des systèmes et des méthodes commerciaux et opérationnels sur une échelle qui nous permet de réaliser des améliorations substantielles par rapport à des entreprises plus petites.

3 – La possibilité de mettre en commun les ressources et ainsi de réaliser des économies d'échelle dans nos activités.

4 – La possibilité de développer des idées et d'accéder à des compétences venant d'endroits différents et de les transférer d'une partie à l'autre de l'organisation.

Nous n'avons pas suffisamment mis à profit ces avantages dans notre fonctionnement au cours des années. Et lorsque c'était le cas, il s'agissait plutôt de résultats d'initiatives indépendantes que de stratégie voulue et globale. Les principaux moteurs ont toujours été l'indépendance et la concurrence entre les points de vente plutôt que la coopération.

Si l'on examine maintenant comment nous avons choisi d'opérer dans chaque pays, il y a eu au fil des années un mouvement de bascule des magasins indépendants vers le Service Office du pays (l'organisation centrale de chaque pays) avec une politique plus centralisée et des charges fixes globales plus importantes au niveau de ce Service Office. Cela nous a fait perdre une partie de l'esprit entrepreneurial si importante, cette capacité à agir très rapidement en phase avec les opportunités, et à encourager les initiatives locales. Nous avons ainsi perdu les avantages de l'esprit PME. Cette méthode de travail nous a permis d'améliorer un certain nombre de choses, mais on a pu également constater une augmentation des charges fixes, une moindre flexibilité et une réduction des initiatives pour adapter et réagir aux changements dans les ventes et les demandes des clients. Bref, à une diminution du sentiment d'autonomie dans les magasins.

En résumé, nous n'avons pas suffisamment exploité les avantages de la grande organisation et nous avons perdu quelques-uns des avantages de l'esprit PME que nous avions autrefois.

Une vision pour l'avenir !

À l'avenir, nous voulons le beurre et l'argent du beurre : tirer profit d'IKEA, de la taille mondiale de l'entreprise, mais également exploiter les avantages de l'esprit PME !

Nous voulons centraliser et décentraliser, intégrer et différencier, le tout en même temps. Nous voulons dans nos magasins des commerciaux très motivés, expérimentés et indépendants. Nous voulons un Service Office agile, efficace et compétent, désireux de fournir les meilleurs services aux magasins. Nous voulons une structure internationale de supervision des magasins qui soit à la fois réduite et compétente, et qui favorise la coopération, le développement et le transfert d'idées, ainsi que l'exploitation effective des avantages liés à notre taille. Nous voulons une coopération plus proche et meilleure entre les magasins, le Service Office, l'IOS, les circuits de distribution, l'approvisionnement et les Inter IKEA Systems. Une IKEA unique. »

Les directions centrales de chaque pays (Service Office) ont grandi de 50 % entre 1998 et 2001, avec un effectif total de 1 500 personnes. Cela s'explique bien évidemment par l'augmentation du nombre de magasins mais surtout, et c'était plus inquiétant, parce que chaque pays s'occupait de plus en plus de son propre développement. Comme les structures IKEA en charge de concevoir les gammes et de gérer les approvisionnements faisaient un travail médiocre, il revenait aux Service Offices de faire les corrections ou les adaptations (n'oublions pas que ceci se passait avant la mise en place de l'initiative « orientation processus »), ce qui nécessitait l'allocation de ressources plus importantes à ces Services Offices. Il y avait par conséquent une grande tendance à centraliser ces tâches au Service Office qui pilotait directement les magasins de chaque pays.

Avoir le beurre et l'argent du beurre signifiait deux choses : tirer profit de l'importance de la taille du groupe avec une meilleure coordination globale, et dans le même temps redonner aux magasins une autonomie plus réelle dans la gestion de leurs activités propres. Le problème était que les perdants étaient les directions centrales de chaque pays, les mêmes personnes à qui il était demandé de conduire une grande partie de ce changement.

Sur quoi devait se porter par exemple la coordination globale ? Un certain nombre d'opportunités existaient au sein des ressources humaines. Les systèmes et le fonctionnement des ressources humaines étaient différents dans chaque pays ; en les harmonisant, IKEA pouvait mettre en place des systèmes de gestion de ressources humaines communs, des systèmes de recrutement communs, etc., et également introduire des centres de services partagés.

Comme la gamme de produits et le concept de magasin étaient partout les mêmes, il n'y avait plus besoin pour chaque pays de développer ses propres programmes de formation. En lieu et place, un centre de formation destiné à tous les marchés fut créé en collaboration avec le franchiseur Inter IKEA Systems. Le rôle des Service Offices évoluait : ils étaient auparavant chargés de développer les programmes dans chaque pays, ils étaient désormais chargés de la performance dans la réalisation de ces programmes. Cela permettait de réduire les coûts de développement et de former davantage de personnes.

En ce qui concernait les restaurants, chaque magasin s'occupait lui-même de son approvisionnement. Il y avait donc un potentiel d'approvisionnement centralisé aussi bien pour les produits alimentaires que pour les équipements et les ustensiles. Côté finances, il était possible aussi de recourir à des méthodes de travail et des systèmes communs, ainsi qu'à des services partagés.

De même, un potentiel important gisait dans les domaines comme les médias, les équipements de magasin, les catalogues, la construction, les fournitures de bureau, l'électricité et les systèmes d'information. Une structure Groupe au niveau international était mise en place pour l'approvisionnement de produits IKEA hors gamme.

Il était possible aussi d'harmoniser davantage la planification entre la rénovation des magasins et les nouveaux magasins, y compris dans la mise en place des mêmes groupes de produits. Cela permettait non seulement de réduire les coûts, mais aussi de faciliter le développement du processus de communication et de commercialisation et permettre une plus forte coordination de l'ensemble des priorités commerciales.

Il était aussi décidé que tous les cadres, à partir des directeurs de magasins, devaient apprendre l'anglais. Cela permettait de réduire la nécessité de traduire les informations provenant des structures de conception de gamme et d'approvisionnement, d'accélérer ainsi considérablement la communication et de faire des économies.

Parallèlement, avec l'initiative orientation processus, l'objectif était d'améliorer la qualité des informations issues des différentes parties de l'organisation à destination des magasins pour que le Service Office de chaque pays puisse consacrer moins de temps à les adapter ou à les corriger. Certes il était toujours possible de lancer de nouveaux projets de magasins au niveau du pays, mais lorsque des idées de projets s'avéraient de portée globale, elles étaient directement prises en charge par la structure centralisée de gestion des magasins de l'ensemble du groupe.

Une plus grande partie de la communication marketing fut coordonnée au niveau Groupe et était commune à de nombreux pays, comme les catalogues, les brochures, les sites Internet et le club Family.

Mais il y avait aussi une volonté de donner plus de liberté aux magasins. Ainsi on confiait à ces derniers la charge d'analyser leurs concurrents et leurs marchés locaux, tâche qui revenait autrefois au Service Office. On leur demandait de concevoir leur propre plan marketing. On mettait en place des comités au sein des magasins dans le but de clarifier les responsabilités de chacun. On lançait un modèle de participation grâce auquel les directeurs de magasins pouvaient devenir propriétaires d'une partie de leurs magasins.

Lancer toutes ces initiatives entraînait un besoin accru de ressources au niveau Groupe. J'ai craint qu'il n'y ait pas de réduction de ressources correspondantes dans les Service Offices des pays si l'on ne prenait pas de décisions drastiques. Nous avons alors décidé que l'objectif était désormais de réduire de 50 % les Service Offices. Je ne savais pas du tout si 50 % étaient un bon ratio, mais j'étais prêt à prendre le risque de trop alléger ces structures dans certains endroits parce que au final, cela était nécessaire pour amorcer le changement.

L'amélioration de l'efficience de ce nouveau modèle était mesurée par le ratio collaborateurs du Service Office/Magasin. Un tel ratio semblait le plus équitable, de nombreux magasins étaient en cours d'ouverture dans cette période de changement. De 2000 à 2006, le ratio collaborateurs du Service Office/Magasin a été réduit de 30 %, et il était proche de 40 % si l'on exclut les nouveaux marchés. Certains pays ont même pu réduire le ratio de 50 %, même en chiffres absolus. Dans le même temps, entre 2001 et 2006, les structures Groupe se sont renforcées de 50 personnes. En termes de pourcentage de ventes, le ratio du coût des fonctions Groupe a diminué de 0,24 % à 0,20 % pendant cette période. Cependant, ce ratio a atteint 0,33 % en 2008.

L'ensemble du personnel dans les fonctions Groupe, comprenant les finances, les ressources humaines, le marketing, la vente, les restaurants, l'immobilier, le juridique, etc., était d'environ 260 personnes en 2006. L'entreprise comptait au total 125 000 employés, et réalisait un chiffre d'affaires de 20 milliards d'euros. Dans ce contexte, les charges fixes des fonctions Groupe sont restées à un niveau raisonnable.

Quelles réflexions peut-on tirer d'une transformation de cette ampleur ? Quels en sont les avantages et les inconvénients ? La question pour moi n'est pas d'avoir une organisation orientée processus ou fonctionnelle, ou d'avoir une organisation centralisée ou décentralisée, mais d'avoir les deux à la fois. L'entreprise a besoin de fonctions comme l'approvisionnement ou le développement de gamme, avec de bons spécialistes, mais il faut également que ces personnes soient prêtes à coopérer avec toutes les autres fonctions de l'entreprise et à travailler au profit de son ensemble et non au seul profit de leur fonction ou de leur sphère de responsabilité. En effet, de nombreux cadres et collaborateurs spécialisés n'y sont pas prêts. IKEA a eu de nombreux grands managers qui ne s'épanouissaient que lorsqu'ils pouvaient contrôler entièrement leurs propres services, avec peu ou pas de coopération avec les autres.

Il peut y avoir des rôles adaptés à ce type de personnalité. Ce fut le cas par exemple lors de l'implantation en Russie, où un groupe de cadres avait pour mission de se consacrer entièrement à cette tâche. Cela avait généré un certain nombre de frustrations dans d'autres services de l'entreprise, mais dans le cadre de cette tâche spécifique dans ce pays donné, ils étaient les candidats les plus préparés à affronter un environnement difficile. Néanmoins, dans la plupart des cas, la capacité à coopérer est une qualité managériale très importante. Il m'est arrivé de refuser une promotion à des personnes performantes parce que j'avais des doutes sur leur capacité à coopérer et à travailler pour l'ensemble de l'entreprise.

Il faut savoir aussi gérer une priorité à la fois locale et globale. Les fonctions globales, au niveau Groupe, se justifient lorsqu'il s'agit de tirer profit des avantages d'une entreprise de taille mondiale. Si vous n'êtes pas prêt, il est sans doute préférable de songer à quitter votre entreprise. Être grand ne se justifie que si l'on en exploite les avantages substantiels.

Les responsabilités locales restent toujours importantes. Dans le monde de la grande distribution, la direction du magasin a un impact considérable sur la performance. Pour que les collaborateurs puissent garder leurs motivations, ils doivent sentir qu'ils sont complètement responsables de leurs actions.

La principale fonction des directions centrales de chaque pays est de servir de passerelle. Elles ont pour rôle de transmettre les informations, les bonnes pratiques, les projets de nouveaux développements, etc., des différentes parties de l'organisation jusqu'aux magasins. Dans un monde idéal, tout cela irait directement de la source à chaque magasin, formaté de manière à être facile à utiliser. Les Service Offices sont également responsables de la construction de nouveaux magasins. Enfin, ils ont en charge la contribution du développement global de l'entreprise. Autant que possible, le développement global doit se créer à proximité du marché et non du siège social. Il est important de surveiller la taille de ces directions centrales de pays qui ont une tendance naturelle à croître.

Une question cruciale se pose bien évidemment : ce changement rend-il IKEA plus bureaucratique ? Si bureaucratique signifie être lent au changement, lent à prendre des décisions, devenir trop complexe, avoir des coûts superflus qui n'apportent aucune valeur ajoutée et ne pas voir de résultats sur les différentes initiatives, ma réponse est non à la bureaucratie. Non, si l'alternative est l'ancien modèle dans lequel les différentes fonctions collaborent de façon médiocre et où les différents marchés travaillent plus ou moins isolément. Si les résultats financiers donnent une indication, les ventes d'IKEA ont triplé pendant ces dix années, les coûts globaux ont diminué, de même que les charges fixes, et les profits se sont développés de manière importante. Cela n'aurait pas été possible si IKEA avait persisté dans l'ancien modèle.

Cette nouvelle manière de fonctionner peut s'améliorer davantage, et il faudra probablement quelques années encore pour l'affiner et atteindre le niveau suivant. Cependant je suis certain qu'il s'agit de la bonne direction si IKEA veut continuer son expansion et être une entreprise unique.

Autre question qui peut se poser au sujet de ce projet : est-il aussi *fun* qu'auparavant ? Je pense que non. La pression sur la performance est beaucoup plus forte aujourd'hui. Le degré de professionnalisme est plus élevé. On a moins de temps pour l'autre, besoin de structure, et pour de nombreux employés, il y a moins de temps et d'opportunités pour tester de nouvelles solutions. Cet état est-il de fait inévitable ? Plus l'entreprise grandit, plus cela crée de la distance et renforce la complexité. Les conséquences des erreurs et des mauvaises décisions sont aussi plus lourdes.

Certains de ces impacts négatifs sont inévitables pour une entreprise qui veut continuer à grandir tout en gardant son unité. Il vaut mieux les accepter.

La plus grande menace pour IKEA est IKEA elle-même. Si de nouvelles innovations technologiques apparaissaient et bousculaient les règles du jeu dans la distribution de produits d'ameublement, elles ne mettront pas, à mon avis, en péril IKEA. Jusqu'ici, les entreprises concurrentes n'ont pas fait preuve de beaucoup d'innovations et ne se sont pas beaucoup développées, et à l'avenir, le besoin de meubler sa maison subsistera. La plus grande menace vient de l'intérieur. Même si des mesures importantes sont prises actuellement pour restructurer l'entreprise et lui permettre de gérer une croissance constante, des facteurs comme la taille et la complexité des défis, la perte progressive des valeurs et de la vision après le départ du fondateur pourraient avoir à l'avenir un effet négatif sur l'innovation, la loyauté et la motivation des collaborateurs. Même si cela semble étrange, la poursuite de la croissance formidable d'aujourd'hui peut être le chemin le plus court vers le futur déclin. Contrecarrer cette tendance sera certainement un défi de taille pour les générations futures des propriétaires et des dirigeants d'IKEA.

Le seul moyen pour IKEA de se renouveler pourrait être d'oser la différence. La méthode entrepreneuriale est la meilleure pour conduire une entreprise. À un moment donné, toute entreprise devient beaucoup trop grande pour continuer à fonctionner de cette façon, et c'est le début du déclin. L'alternative est peut-être de démembrer l'entreprise et de repartir de zéro avec des petites unités indépendantes à la tête desquelles se trouveraient de nouveaux propriétaires compétents. Personnellement, je ne connais aucune entreprise du niveau d'IKEA d'aujourd'hui qui ait décidé de procéder de cette façon. Qui sait, IKEA a toujours fait les choses de manière différente. Peut-être est-il temps de le faire à nouveau.

La difficulté de rester sur la bonne voie

Tous les *business models* sont à un moment ou à un autre confrontés à une remise en question en interne. Cela se justifie s'il n'existe plus de besoins correspondant à l'offre ou si l'offre a perdu sa nature unique avec ses avantages concurrentiels que l'entreprise ne contrôle plus. Le problème survient quand le *business model* est remis en question à cause d'erreurs internes. Cela arrive fréquemment quand l'entreprise est sous la pression de ses concurrents ou en période de crise économique, lorsque la demande du marché est faible. Quand le volume des ventes chute et que les coûts augmentent, l'entreprise recherche un gain facile. Cela peut signifier adapter l'offre pour qu'elle soit plus grand public, ou augmenter les prix afin de compenser l'accroissement des coûts. J'ai été témoin de cela un certain nombre de fois chez IKEA. Le résultat à court terme engendrera peut-être des bénéfices dans votre compte de résultats, mais votre entreprise finira inévitablement par perdre son identité et son caractère unique, et par conséquent vous allez perdre votre principal point de différenciation.

Prenons par exemple le cas d'IKEA à la fin des années 1980 et au début des années 1990. En 1983, l'objectif de l'expansion internationale a changé. L'Allemagne entrait dans une phase de consolidation, il fallait dix ans avant qu'un nouveau magasin ouvre dans ce pays. Les nouveaux marchés importants étaient la France (1984), les États-Unis (1985), le Royaume-Uni (1988) et l'Italie (1989). La stratégie d'expansion était de faire « large et mince ». Il fallait ouvrir quelques magasins dans un marché et puis passer au marché suivant. Je n'ai jamais compris cette hâte à attaquer rapidement de nouveaux marchés plutôt que de se concentrer à développer les marchés que l'on vient d'investir. Peut-être était-ce dû à la croyance que les marchés étaient déjà saturés par la présence de quelques magasins, IKEA représentait alors quelque chose de différent et n'intéresserait donc qu'une petite partie de la population. Ou peut-être est-ce tout simplement la mentalité et l'enthousiasme qui régnaient dans l'entreprise à cette époque.

Il n'empêche que l'entreprise était en train de se disperser. Attaquer de nombreux nouveaux marchés sur une très courte période entraînait une augmentation rapide des coûts. Le marché américain et ceux des pays d'Europe de l'Est n'étaient pas aussi dynamiques que les marchés précédents, et IKEA commençait à y perdre de l'argent. Cela était compensé par une augmentation des prix de vente pour préserver une marge brute. Par conséquent, les prix devenaient moins compétitifs. Les ventes ralentissaient, toutes choses égales par ailleurs. De nombreux marchés cherchaient désespérément une gamme plus adaptée au marché local pour booster les ventes très rapidement. La gamme devenait alors de plus en plus large. L'avantage tiré des achats massifs en matière d'approvisionnement diminuait, et IKEA perdait le contrôle de la chaîne d'approvisionnement. Cela entraînait une augmentation des problèmes de qualité des produits. De même, la disponibilité des produits devenait de moins en moins satisfaisante, et cette nouvelle gamme de produits plus locaux faisait perdre à IKEA l'identité unique de sa gamme qui devenait de plus en plus floue. Un projet de réduction de coûts était bien lancé, mais cela avait pour conséquences indésirables la réduction encore plus importante de la qualité du service aux clients, de longues queues en caisse, des parkings trop petits et trop peu d'investissements dans les magasins existants.

IKEA réagissait ainsi à ses problèmes avec des solutions qui l'entraînaient de plus en plus loin de la recette du succès qu'elle avait développée pendant de nombreuses années. À la fin des années 1980 et au début des années 1990, les prix de vente augmentaient de 3 % par an, et le niveau des coûts atteignait son pic en 1992.

En interne, on assistait à une détérioration de la relation de confiance entre les principales parties de l'organisation (approvisionnement, gamme et magasins). Chacun rejetait le blâme sur l'autre, et il n'y avait aucun plan d'action global et proactif. La taille de l'entreprise commençait également à être un problème. Les méthodes de travail et les systèmes étaient toujours ceux d'une PME. Personne n'avait d'idée précise sur la manière d'adapter cette grande entreprise qu'IKEA était en train de devenir.

Il y avait une certaine réticence à agir comme une grande entreprise, et à devenir une grande entreprise. Elle était à la recherche d'une meilleure structure organisationnelle, et avait subi deux grandes réorganisations en quatre ans, ce qui consuma énormément d'énergie et détourna son attention de ses activités. IKEA allait à la dérive, sans aucun cap.

Ce n'était pas une très bonne période pour IKEA. Ce qui a déclenché cette succession d'événements était la combinaison d'une entrée trop rapide sur de trop nombreux nouveaux marchés sans réaliser que pour s'implanter hors d'Europe occidentale, reprendre les bonnes vieilles recettes ne serait pas suffisant ; un sérieux ralentissement de l'économie ; l'absence d'orientation globale de l'entreprise ; et la confusion née de la transformation d'une PME en une grande entreprise. Tout cela accentuait la pression sur les ventes et la rentabilité, et IKEA n'avait pas de solution à ce problème.

Cette crise a toutefois suscité quelques changements et en 1995, IKEA commençait à revenir à certains de ses fondamentaux. La stratégie de gamme devenait plus précise, grâce à une diminution de la largeur de la gamme et un renforcement de son identité. On mettait en place une stratégie d'approvisionnement claire et efficace qui consistait à réduire le nombre de fournisseurs et à délocaliser la production vers des pays à bas coûts. On diminuait de nouveau les prix de vente et relançait un programme d'investissements pour les magasins existants. Entre 1995 et 1998, IKEA ne s'implantait que sur deux nouveaux marchés (Finlande et Espagne), ce qui est très limité comparé aux années précédentes. L'économie repartait et l'entreprise commençait à constater des développements positifs sur pratiquement tous les marchés.

Le principal enseignement à retirer de cette expérience est que le projet de base d'IKEA est efficace lorsqu'on l'applique strictement :

- Une politique de prix agressive avec un écart important par rapport aux concurrents.
- Une identité de gamme unique avec une profondeur de gamme limitée.
- Une priorité sur des prix d'achat modestes grâce à une gamme de produits adaptée.
- Des investissements continus dans les magasins, sur les prix et le personnel lorsque la situation économique devient difficile.

La conjonction entre croissance économique forte et certains de ces changements positifs conduisaient à d'excellents résultats, et de 1995 à 1998, IKEA bénéficiait d'une forte croissance et d'une très bonne rentabilité.

CHAPITRE 4

Leader sur le marché, avec une stratégie d'implantation équilibrée

Dans ce chapitre, je vais exposer l'expansion internationale d'IKEA sur les dix dernières années, en donnant la priorité à quelques marchés importants. Cela permettra d'illustrer quelques-unes des questions stratégiques et des défis auxquels les entreprises de taille mondiale ont à faire face. Je chercherai ensuite à tirer quelques conclusions sur les défis et les critères de réussite pour le secteur de la grande distribution dans un environnement mondialisé (valables probablement pour les autres secteurs également).

La période d'expansion de vingt-cinq années, de 1973 à 1998, avec ses hauts et ses bas, a été comme les montagnes russes. Et pourtant en 1998, les ventes sont passées de 40 millions d'euros à 6,3 milliards d'euros et le nombre de magasins de 7 à 120. IKEA était prête pour l'étape suivante.

Comme toujours, IKEA se retrouvait face à un certain nombre de défis et d'opportunités. Une certaine confusion régnait encore sur la manière d'adapter les méthodes de travail et les systèmes à la taille et à la croissance de l'entreprise. Les structures de charges fixes élevées continuaient à se développer. L'entreprise devenait de plus en plus bureaucratique. Il était nécessaire de concevoir un plan pour réussir aux États-Unis et en Europe de l'Est. IKEA était sur le point d'entrer en Russie et en Chine, des marchés à la fois nouveaux et complètement différents. La disponibilité des produits et les services dans les magasins était toujours la préoccupation majeure. De plus, l'entreprise subissait les effets d'un problème environnemental et social (présence de formaldéhyde dans les produits et travail des enfants chez les fournisseurs au Pakistan), et aucun plan n'avait été prévu pour gérer cela.

L'entreprise avait donc besoin d'une orientation complètement nouvelle, et la mise en œuvre de cette orientation a été ma première priorité en 1999 en tant que PDG. Pour moi, ce besoin était très urgent. IKEA était devenue une organisation désordonnée. L'accumulation d'actions à court terme et de plans locaux entraînait de l'instabilité, une orientation incertaine, une sous-optimisation des différentes parties de l'entreprise, et dans l'ensemble une absence de leadership.

Le développement de ce plan n'était pas exactement un cas d'école original dans la mesure où l'approche était complètement verticale, du sommet vers la base. On n'avait que quelques mois pour mettre en place la nouvelle équipe de direction, et il n'y avait pas de temps à perdre pour impliquer chacun dans le processus. L'approche était reçue avec un certain scepticisme. L'idée d'avoir une orientation commune pour l'ensemble du groupe était déjà un changement en soi ; mais en plus, ce changement était lancé sans la participation du plus grand nombre, et il s'étendait sur dix ans !

Quel plan peut survivre et rester pertinent pendant dix ans ? Cela est inhabituel, mais se justifiait parfaitement dans la mesure où IKEA était dans une situation où la stabilité et la certitude sur l'avenir de l'entreprise étaient des éléments cruciaux pour l'entreprise. On avait également besoin de stimuler l'imagination pour créer de nouvelles grandes opportunités. Un plan de trois ou cinq ans aurait été beaucoup trop court pour cela. Il faut un certain temps pour enraciner un plan et constater ses effets dans une organisation de la taille d'IKEA. La durée de certains plans est si courte que, le temps de les finaliser, les organisations entament déjà une nouvelle autre planification. Il faut prévoir suffisamment de temps pour réaliser leurs effets. Par ailleurs, les plans à court terme ont une nature très opérationnelle et portent sur une amélioration graduelle de la stratégie en cours plutôt que sur la réalisation de transformations substantielles.

La nouvelle orientation s'appelait « Ten Jobs in Ten Years » (10/10), et elle avait pour fonction de faire le lien entre la vision à long terme de l'entreprise, « améliorer le quotidien du plus grand nombre », et les plans opérationnels à court terme dans les différentes sections.

Quelle direction avait été adoptée dans le cadre de ce plan à dix ans ? Voici un extrait des objectifs :

> « IKEA doit se développer. Notre vision est d'améliorer le quotidien du plus grand nombre, et jusqu'ici, nous avons n'amélioré que le quotidien de quelques-uns. Nous devons nous développer pour réaliser notre vision, pour nous donner de nouvelles opportunités et garder notre avance dans un environnement concurrentiel qui se transforme constamment. Jusqu'ici, notre croissance provenait d'une stratégie de gamme "large et mince". Nos magasins sont présents dans 29 pays, mais nos parts de marché sont restreintes dans la plupart d'entre eux. Nous abordons une nouvelle phase dans laquelle la priorité sera d'agir en "profondeur" et de nous concentrer sur nos marchés actuels.

Nous allons renforcer nos relations avec nos clients et faire en sorte que nous soyons leur premier choix. Nous serons le numéro un de l'ameublement sur tous les marchés sur lesquels nous sommes présents. Notre objectif sera d'atteindre une part de marché substantielle d'ici 2010 sur tous nos marchés européens et nord-américains actuels, de franchir une étape et devenir réellement accessible et accepté par le plus grand nombre, bref d'accomplir notre vision. Nous donnerons la priorité à une croissance forte et continue des volumes de vente, 10 % par an pendant dix ans (moyenne du groupe portant sur les points de vente actuels). En Asie-Pacifique, le principal défi sera de développer une position importante dans les pays où nous avons déjà choisi de nous implanter (Chine, Australie, Japon) et de parvenir à y être rentable. Ce sera également notre ambition pour notre nouveau marché russe. Pour atteindre cet objectif, nous devrons être capables d'ouvrir plus de 100 nouveaux magasins et de tripler les ventes de l'ensemble du groupe et dépasser 200 milliards de couronnes suédoises en 2010. »

Cette déclaration constitue un changement radical par rapport à ce qui a été fait avant. La stratégie lancée au début des années 1990 portait sur une réduction des coûts ; celle-ci portait sur une stratégie de croissance. Cette croissance serait trouvée sur les marchés actuels et non par l'ouverture de nouveaux marchés. Cette stratégie signifiait lancer plus de nouveaux magasins qu'avant. C'était une stratégie de croissance et de rentabilité sur les marchés non européens. Et l'objectif d'une croissance de 10 % par an pendant dix ans était très ambitieux. (Pendant les années 1990, la croissance moyenne d'IKEA était de 6 %.)

Voici un autre extrait de la description des objectifs :

« Notre projet est d'offrir une vaste gamme de produits d'ameublement esthétiques et fonctionnels à des prix accessibles au plus grand nombre. Imaginons que nous puissions garder nos prix au même niveau pendant les dix prochaines années. Cela peut sembler impressionnant ! En réalité, nous vivons dans un monde en mutation, avec une inflation proche de zéro sur la plupart des marchés et une concurrence croissante au niveau mondial qui s'appuie sur les mêmes forces que nous. Dans ce contexte, garder des prix constants est insuffisant. Si nous voulons réaliser notre vision et être à la hauteur de notre projet, réaliser nos objectifs de volume de ventes et battre la concurrence, notre objectif doit être de réduire nos prix de vente d'au moins 20 % par rapport au niveau actuel pour l'ensemble du groupe d'ici à 2010. »

Nous sommes en présence d'un changement radical de stratégie puisque l'augmentation des prix a été la norme pendant de nombreuses années.

De nombreuses raisons justifient cette nouvelle stratégie. La première porte sur la concurrence. Pendant de nombreuses années, cette dernière était très fragmentée et locale. Tout cela était sur le point de changer. De nombreuses grosses entreprises de grande distribution changeaient de stratégie. Elles étaient en quête d'une expansion mondiale, tout particulièrement dans les marchés émergents comme la Chine, la Russie ou l'Europe de l'Est. Elles élargissaient également la gamme de produits qu'elles commercialisaient, et au-delà des produits alimentaires ou des articles de bricolage, elles s'attaquaient désormais aux produits d'ameublement. Il s'agissait de grandes entreprises, beaucoup plus puissantes que les entreprises concurrentes traditionnelles d'IKEA. Leurs ressources financières et leurs compétences en matière de grande distribution étaient du niveau de celles d'IKEA. L'un des moyens de les dissuader d'entrer dans le secteur de l'ameublement était de réduire drastiquement les prix des produits et de renforcer la présence d'IKEA avec l'ouverture d'un plus grand nombre de magasins sur les marchés où elle était déjà implantée. L'objectif était donc d'être le leader sur chacun des marchés où IKEA est présent.

La deuxième raison est la rationalisation des coûts. Le meilleur moyen de croître tout en maîtrisant les coûts est de développer les ventes dans les magasins déjà existants. Ensuite vient l'ouverture de nouveaux magasins sur les marchés actuels. S'implanter sur de nouveaux marchés est l'option la plus coûteuse. L'ouverture rapide de nombreux nouveaux marchés dans les années 1970, 1980 et 1990 a eu de fâcheuses conséquences, ainsi qu'on l'a vu, mais tout cela pouvait maintenant être transformé en avantage et IKEA pouvait enfin recueillir les fruits de ses investissements antérieurs. Une proportion plus importante de coûts fixes signifiait également qu'une forte croissance dans les points de vente existants entraînait immédiatement une hausse considérable du résultat d'exploitation.

La troisième raison est la motivation. IKEA prospère grâce à la croissance. Toute son histoire est faite de croissance. L'ouverture d'un magasin est le moteur de la plupart des entreprises de la grande distribution. Rien ne motive autant les employés que faire partie du lancement d'un nouveau magasin. Le fait que le plan 10/10 annonçait à l'ensemble de l'organisation que la croissance sur les marchés existants était désormais une priorité était un puissant facteur de motivation de nombreux collaborateurs et cadres.

Il existe également une raison d'ordre philosophique pour cette nouvelle stratégie. La vision d'IKEA est d'améliorer le quotidien du plus grand nombre. Si nous voulions qu'IKEA soit réellement accessible au plus grand nombre, il fallait réduire les prix pour mettre les produits à la portée de tous, y compris de ceux qui vivent dans les pays émergents. L'entreprise devait également être plus présente avec un plus grand nombre de magasins dans beaucoup plus de régions en vue de satisfaire le plus grand nombre.

Autre extrait concernant les objectifs :

> « Faire des bénéfices est important parce que cela nous permet d'avancer vers la réalisation de notre vision. Pour nous, le profit n'est pas une fin en soi, c'est un moyen. Le produit doit toujours être réalisé à des coûts bas. Une entreprise proposant des prix accessibles doit également être une entreprise avec des coûts bas. La maîtrise des coûts doit être une priorité dans toutes nos actions. Par ailleurs, notre vision est une vision à long terme et elle ne peut être réalisée que grâce à une forte rentabilité à long terme. Cela signifie que nous devons être prêts à accepter des bénéfices plus faibles à court terme si cela améliore notre position à long terme. Par conséquent, lorsqu'il y aura un ralentissement économique, nous continuerons à investir dans notre projet, à respecter les programmes d'investissement dans nos magasins, à poursuivre nos programmes de formation et notre politique de prix. Cela nous permettra d'avoir une rentabilité à long terme et avoir des actions plus stables et cohérentes, le tout au bénéfice de nos employés, de nos clients, de nos fournisseurs et de nos propriétaires. »

Ce qui sous-tend cette déclaration, c'est qu'IKEA avait décidé de ne dépendre que d'elle-même pour financer sa croissance. Compte tenu des objectifs de croissance ambitieux pour la décennie qui suivait, des niveaux de bénéfices importants étaient nécessaires pour financer l'augmentation du nombre de magasins, d'entrepôts et d'usines. L'ambition était de ne jamais descendre en dessous de 10 % de bénéfices (par rapport aux ventes) au cours de chacune de ces dix années.

La leçon de la crise économique des années 1980 était qu'il fallait aborder la prochaine crise économique différemment. De nombreuses entreprises, et pas seulement IKEA, ont une vision à très court terme en matière de gestion de crises économiques. Le plan 10/10 avait été établi au milieu de la bulle des NTIC de la fin des années 1990. Nous avions échafaudé quelques scénarios pour évaluer les conséquences sur le chiffre d'affaires d'IKEA s'il baissait de 5 %, 10 % ou plus lors de la prochaine crise économique. Différentes solutions ont ensuite été présentées au conseil d'administration sur la base de ces scénarios et nous avons demandé au conseil qu'il soutienne une stratégie où IKEA choisissait d'accélérer ses investissements au lieu de réduire ses coûts lors d'un prochain ralentissement économique. Cela permettrait à l'entreprise de sortir de la prochaine crise et de prendre une avance considérable sur la concurrence. Cela est approuvé par le conseil d'administration en décembre 1999. Lorsque la crise éclate en 2001, IKEA baisse les prix de vente et augmente ses investissements aussi bien dans les magasins existants que dans les nouveaux magasins. Une nouvelle fois, l'entreprise ose être différente. Je pense qu'il est plus facile de s'engager dans une stratégie de ce genre dans une entreprise non cotée parce que l'on doit accepter la possibilité d'une baisse des bénéfices à court terme au profit d'une amélioration à moyen terme. Ce type de risque est plus difficile à accepter pour une entreprise cotée en Bourse.

IKEA a-t-elle alors atteint ses objectifs financiers dans le cadre de ce plan décennal ? Les ventes ont triplé de 1999 à 2009 en passant de 7,6 à 21,5 milliards d'euros. Le prix d'achat et le prix de vente ont tous deux été abaissés de 20 % et le niveau des bénéfices a plus que dépassé les 10 % du chiffre d'affaires chaque année. Tout était conforme au plan. Seule déception, la baisse des coûts n'avait pas atteint le niveau prévu. Cela aurait en effet exigé un gain de productivité supérieur ou égal à 10 % par an, et nous n'avons pu atteindre que 4 à 6 % par an en moyenne. Des marges supérieures à celles qui étaient prévues ont permis de compenser cela et de réaliser les bénéfices prévus au plan. Cela étant, une entreprise ayant des prix accessibles doit toujours être une entreprise à bas coût.

La stratégie du marché

Déterminer sur quels marchés s'implanter est bien évidemment une question essentielle pour toute entreprise internationale dans le secteur de la grande distribution. Elles se trouvent confrontées à plusieurs défis : développer un « portefeuille » équilibré composé de marchés à court terme, à moyen terme et à long terme et ayant un potentiel de rentabilité ; évaluer le pouvoir potentiel de l'offre sur les différents marchés, estimer le potentiel pour devenir l'une des entreprises leaders dans sa catégorie ; trouver l'équilibre entre risque et potentiel ; évaluer l'importance des barrières commerciales ; considérer les limites des ressources et des valeurs de l'organisation elle-même ; apprécier l'importance d'une croissance rapide ou d'un développement progressif ; réfléchir au besoin d'adaptation du *business model* ; enfin, et non des moindres, déterminer comment apporter une contribution forte aux sociétés sur ces nouveaux marchés. Comment IKEA a-t-elle abordé ces questions ?

En 1999, l'Europe représentait 80 % du total des ventes IKEA, les États-Unis 17 % et l'Asie-Pacifique 3 %. L'Europe était une base fiable et rentable. Les choses étaient plus compliquées aux États-Unis ; et la Russie ainsi que l'Asie-Pacifique, futurs marchés de croissance, en étaient encore à leurs tout débuts.

Une stratégie agressive d'expansion sur les marchés où elle était déjà présente devenait un élément important de la stratégie 10/10 d'IKEA. L'entreprise voulait se consolider en Europe et se positionner fermement en tant que leader sur chacun des marchés européens. Il y avait également une volonté d'améliorer la position aux États-Unis. Enfin, l'entreprise voulait aussi réussir sur les nouveaux marchés d'Asie-Pacifique et la Russie, des futurs marchés porteurs. Au début de la période (1999), seulement 5 nouveaux magasins étaient lancés par an, ce qui représentait 3 % du total des magasins. À la fin de la période, le rythme de lancement était de 20 nouveaux magasins par an, c'est-à-dire 9 % du nombre total de magasins. Sur les dix ans, entre 2000 et 2009, IKEA a ouvert 150 magasins, un chiffre supérieur aux 130 magasins ouverts dans les cinquante-cinq années précédentes. 110 d'entre eux se trouvaient en Europe (y compris la Russie), 25 en Amérique du Nord et 15 en Asie.

Les magasins eux-mêmes étaient devenus plus grands. En 2009, un magasin nouvellement construit disposait en moyenne d'une surface de 35 000 m² contre 15 000 m² quinze ans plus tôt. Il est intéressant de noter que la largeur de la gamme n'a pas augmenté pour autant. On trouvait toujours entre 6 500 et 9 000 articles différents dans chaque magasin, soit la même quantité que quinze ans plus tôt. L'augmentation de la surface des magasins permettait d'obtenir un volume de ventes plus important et d'accueillir plus de visiteurs. Ainsi qu'on l'a vu auparavant, l'efficience logistique dans les magasins a toujours été une des priorités d'IKEA. Elle repose sur trois éléments. Le premier consiste à minimiser le nombre de déplacements des biens dans le magasin. Les magasins sont ainsi conçus et le conditionnement des produits est préparé de sorte que les produits puissent être déposés directement sur la zone de vente sans nécessité de les reconditionner. Le deuxième élément, et contrairement à l'idée traditionnelle en la matière, le stock est toujours vu comme un atout et par conséquent la disponibilité du produit pour le client doit toujours avoir la priorité sur la rationalisation des stocks. Enfin, l'optimisation des livraisons directes depuis les fournisseurs, combinée à une utilisation complète des capacités de transport, est considérée comme un choix économiquement rationnel. Cette logique amène à une plus grande allocation de capital aussi bien dans les stocks que dans la surface des magasins, mais cela se justifie car des articles disponibles en stock et une productivité plus élevée (articles vendus par heure de travail) dans la manutention des produits avec des coûts de distribution plus faibles sont rendus possibles du fait de la surface plus importante des magasins. Tout cela permet de générer plus de ventes et de renforcer la satisfaction des clients.

D'une manière générale, avoir une évaluation à trop court terme des capitaux alloués aux investissements constitue un risque. Pour moi, il y a un certain nombre de facteurs qui, trop souvent, ne sont pas suffisamment pris en compte. D'abord, il s'avère parfois difficile d'estimer la valeur ajoutée dans le calcul du retour sur investissement d'un projet. Ensuite, lorsqu'on décide d'investir dans la création de nouveaux magasins, on peut être quasiment sûr d'une part que les prix des terrains ne baisseront pas à l'avenir, et qu'obtenir une licence d'exploitation d'une grande surface d'autre part deviendra de plus en plus difficile. Il est ainsi judicieux d'acquérir autant de terrains que l'on peut et construire des magasins plus grands (avec une licence d'exploitation) que prévu initialement pour se préserver une flexibilité à l'avenir. Enfin, la règle en matière de calcul du retour sur investissement d'un projet est en général de se baser sur les projections de ventes sur trois à cinq années à venir. Lorsque l'entreprise est en croissance, cela peut entraîner des réinvestissements considérables plusieurs années plus tard. Ce coût, conjugué à l'interruption des activités lors de l'agrandissement, est souvent sous-estimé, voire n'entre pas du tout en compte dans la décision d'investissement.

Le risque d'acheter trop de terrain ou de construire des magasins trop grands est très limité, en tout cas pour ce qui concerne IKEA. Jusqu'ici, je n'ai jamais regretté d'avoir construit un magasin trop grand, et il m'est souvent arrivé de regretter d'avoir construit des magasins trop petits. Et même si le terrain ou le magasin s'avérait trop grand, IKEA a toujours pu en tirer profit en revendant la partie superflue du terrain ou en louant la partie inutilisée du magasin.

L'expansion européenne

L'objectif du plan 10/10 était de conquérir une part de marché substantielle sur les marchés européens et nord-américains. « Part de marché substantielle » signifie qu'IKEA devait devenir le numéro un sur tous les marchés européens et atteindre environ 10 % du marché en 2009. À l'époque (1999), les parts de marché de l'entreprise sur les différents marchés européens, hors Suède, étaient de 3 à 5 %. Cette stratégie a été une vraie réussite en Europe. L'Europe représentait 90 % du chiffre d'affaires total d'IKEA en 1999, et dix ans plus tard en 2009, cette proportion n'a pas faibli en dépit des investissements considérables effectués aux États-Unis et en Asie. Le plan 10/10 prévoyait que la part de l'Europe diminue à près de 75 % à la fin de la période de dix ans.

En 2009, le « portefeuille » de pays était beaucoup plus équilibré, et la dépendance de quelques marchés ne se posait plus. Si vous vous souvenez bien, en 1983 l'Allemagne représentait 45 % des ventes IKEA et la Suède 22 %. En 1995, l'Allemagne était descendue à 30 % et la Suède à 11 %. En 2009, la part de l'Allemagne n'était plus que de 16 % et celle de la Suède de 6 %. Aujourd'hui, le Royaume-Uni, les États-Unis, la France, l'Italie et les Pays-Bas ont rejoint ou dépassé la Suède. En terme de parts de marché, IKEA était numéro un sur tous les marchés européens en 2009, à l'exception du Royaume-Uni et de l'Autriche. Au Royaume-Uni, le développement de l'entreprise a été entravé par une législation en matière de permis de construire qui l'empêcha d'ouvrir autant de nouveaux magasins qu'elle voulait. En Autriche, le marché est très concentré dans lequel il y a un nombre limité de concurrents possédant des parts de marché conséquentes, ce qui a jusqu'ici empêché IKEA d'atteindre la première place.

Pendant ces dix années, la position d'IKEA s'est également considérablement améliorée dans les pays d'Europe de l'Est comme la Pologne, la République Tchèque et la Hongrie, où des investissements importants en matière de politique de prix ont été récompensés. Ces pays contribuent maintenant d'une manière non négligeable à la croissance des ventes et aux bénéfices de l'ensemble du groupe.

Si l'on examine la concurrence, IKEA n'a jamais été réellement mis en danger, du moins jusqu'à maintenant, sur les différents marchés européens. Quelques-uns ont tenté de rivaliser au niveau du concept. Ce sont pour moi les concurrents les moins dangereux. Ils ne font preuve d'aucune idée créative et se contentent de reproduire ce qu'IKEA a déjà fait. Ces entreprises ont connu un succès très limité jusqu'ici. Les grandes enseignes d'ameublement traditionnelles, présentes dès les premiers jours, ont eu du mal à se renouveler et sont devenues des acteurs marginaux ou ont tout simplement cessé d'exister. Quelques grandes chaînes d'hypermarchés ou de bricolage ont tenté de se diversifier dans l'ameublement, mais jusqu'ici cela n'a pas eu de grands succès. IKEA a un avantage certain par le fait que l'ameublement est son cœur de métier, ce qui n'est pas le cas de ces grandes chaînes. IKEA occupe le centre du terrain. Le marché d'articles haut de gamme est une niche ouverte mais avec un volume très faible. De même, les produits à bas prix et de qualité médiocre constituent encore un marché ouvert, mais ce marché diminuera progressivement au fur et à mesure de l'augmentation du pouvoir d'achat du consommateur et parce que en termes de prix aussi, ils ne sont pas plus intéressants qu'IKEA. Le marché de milieu de gamme de meubles de style traditionnel est également un terrain qui n'est pas occupé par IKEA. Il s'agit d'un grand segment de marché, celui dans lequel les concurrents européens d'IKEA ont les meilleures chances de réussir. En ce qui concerne la concurrence par pays, l'Allemagne et la France sont les deux marchés les plus concurrentiels pour IKEA. Les marchés les moins concurrentiels sont ceux d'Europe de l'Est et d'Europe du Sud (Espagne et Italie). IKEA a besoin, pour s'améliorer, d'un vrai défi de la part d'un concurrent de taille mondiale. Nous savons tous que l'absence de concurrence est un vrai somnifère.

La régulation des marchés constitue une inquiétude pour les différents marchés européens. En dépit des bonnes intentions de la Commission de l'Union européenne qui déclare vouloir renforcer la concurrence en Europe, je n'ai pas constaté de progrès notables dans le secteur de la grande distribution. D'une manière générale, la grande distribution est l'un des secteurs les plus concurrentiels et si vous remontez la chaîne d'approvisionnement, vous constaterez que la concurrence est encore très limitée dans de nombreux secteurs. Certes la directive des Services approuvée par l'Union européenne avait de bons objectifs au départ, mais il a fallu composer avec beaucoup trop de compromis pour être réellement efficace à l'arrivée.

Les réglementations en matière de licences d'exploitation se sont alourdies. En empêchant le développement de grandes entreprises dans la grande distribution, l'Europe devient moins concurrentielle et cela réduit la création du nombre d'emplois. De nombreux marchés continuent à aller dans la mauvaise direction, notamment en France et en Grande-Bretagne. De même, les réglementations en matière d'heures d'ouverture constituent un exemple de restrictions affectant la compétitivité d'une manière importante, et les progrès restent insuffisants.

L'un des enseignements les plus intéressants dans le développement d'IKEA en Europe, sur les dix dernières années, est que la réussite est plus forte lorsque les magasins se trouvent dans de petites villes plutôt que dans des grandes. Au tout début, la priorité était toujours donnée aux grandes villes comme zones d'implantation. On pensait alors que le style moderne et le *business model* d'IKEA correspondaient plutôt mieux à leurs habitants. Ce n'est plus le cas en Europe. Un des raisons les plus importantes est le niveau de concurrence plus faible dans les villes plus petites. L'ouverture de nouveaux magasins IKEA est pratiquement l'événement de l'année dans celles-ci. Avec beaucoup de publicité gratuite, et un accueil très favorable de la population, il crée de plus de nouveaux emplois. De ce fait, IKEA renforce la position de ces villes. La gamme de produits IKEA est également plus concurrentielle, car le choix y est moins large que dans les grandes villes. De même, il est plus facile d'y attirer des employés motivés et des clients prêts à faire de plus longs trajets, à l'inverse des grandes villes. Ceci représente un avantage certain pour la rentabilité des magasins qui peuvent vendre des volumes importants de produits qui se transportent plus aisément en voiture. Les terrains y sont également moins chers et les permis de construire plus faciles à obtenir. Les salaires y sont moins élevés et le retour sur investissement d'IKEA est plus important en raison d'une pénétration du marché plus forte avec des coûts plus bas.

Il est intéressant aussi de constater qu'il y a plus de ressemblances entre les magasins des petites villes situées de part et d'autre d'une frontière qu'entre les magasins des grandes et des petites villes d'un même pays. La structure par pays n'est pas toujours la manière la plus logique d'organiser une offre ou des actions communes telles que le marketing ou la formation.

Les États-Unis

IKEA a commencé son aventure nord-américaine dès 1976 avec l'ouverture du premier magasin à Vancouver. Je ne saurais dire comment cette décision a été prise. Elle relève probablement plus de préférences personnelles que d'une logique stratégique étant donné que Vancouver est sans doute le lieu le plus éloigné de la plupart des fournisseurs d'IKEA. Il n'empêche qu'IKEA s'est plutôt bien débrouillée au Canada et la structure développée sur place a été chargée de franchir la frontière pour s'implanter aux États-Unis.

Le premier magasin IKEA aux États-Unis a ouvert ses portes à Philadelphie en 1985. Le marché américain est probablement de nos jours le marché le plus difficile d'accès au monde dans le secteur de la grande distribution. En 1985, je suis pratiquement convaincu qu'IKEA ne savait pas du tout dans quoi elle s'engageait, et heureusement sinon nous ne serions peut-être pas présents sur ce marché aujourd'hui. Une forte confiance résultant des succès européens faisait que la décision d'aller aux États-Unis n'était précédée d'aucune analyse sérieuse du marché. On croyait fortement que le style suédois et le projet IKEA fonctionneraient à merveille aux États-Unis, tout comme ils avaient fonctionné dans les autres pays, le Canada compris. Et pourtant, IKEA a eu du mal dès le début. Entre 1985 et 1990, 5 magasins ont été ouverts sur la côte est et IKEA a acquis un concurrent (STOR) sur la côte ouest, ce qui faisait 3 magasins supplémentaires en 1992.

Après avoir été confrontée à des ventes médiocres et des actions non rentables pour de longues années, IKEA décide de stopper l'expansion et aucun nouveau magasin n'est lancé aux États-Unis entre 1993 et 1999. Pendant toutes ces années, IKEA réussit à peine à gagner de l'argent et sa seule priorité est de préserver ce résultat grâce à des coûts bas.

Pourquoi est-il si difficile de s'implanter aux États-Unis ? Si je compare avec l'Europe, je constate un certain nombre de différences. Même si la concurrence y est relativement faible en matière d'ameublement, elle est très intense en matière de grande distribution. Quel que soit l'emplacement d'IKEA, la plupart des clients passent devant au moins deux centres commerciaux avant d'y arriver.

Les coûts d'opération aux États-Unis sont également élevés. Les coûts marketing aussi plus élevés qu'en Europe pour atteindre la même visibilité. Les terrains et la construction coûtent plus cher. Les rémunérations du personnel sont également plus élevées, notamment au niveau des charges. Plus important encore, le taux de rotation du personnel y est très élevé par rapport à l'Europe puisqu'il peut atteindre 100 % par an, ce qui entraîne des coûts considérables en matière de recrutement et de formation. De ce fait, le personnel est généralement moins bien qualifié. Le secteur de la production de biens d'ameublement y est médiocre et faiblement concurrentiel. Cela oblige IKEA à importer l'essentiel de sa gamme, les produits de grande consommation principalement d'Asie et les meubles majoritairement d'Europe. Cela affaiblit la marge brute de l'entreprise. En raison des fluctuations du taux de change dollar/euro, la marge brute peut varier de 10 points sur quelques années. Enfin, la taille du pays induit une des charges fixes plus élevées, ce qui pose des défis supplémentaires à IKEA.

En revanche, à l'exception de quelques adaptations fonctionnelles (tailles et mesures), très peu d'ajustements sont nécessaires au niveau de la gamme de produits IKEA.

En 1999 et en 2000, lorsque je venais de débuter en tant que PDG et commençais à me familiariser avec le marché américain, IKEA y connaissait quelques-unes de ses meilleures années. Dans ces années du boom des NTIC, l'économie américaine était florissante et le dollar était fort, ce qui permettait à IKEA US de réaliser de bonnes marges. Néanmoins le niveau de confiance était pourtant bas au sein de l'organisation à cause des années de vaches maigres antérieures, pendant lesquelles IKEA avait subi des pertes ou était parvenue à peine à l'équilibre. La priorité alors était de diminuer les coûts : 14 magasins y étaient sous-dimensionnés. Ils offraient une gamme appauvrie qui ne correspondait pas à la stratégie globale d'IKEA. La direction US estimait que les armoires et les cuisines IKEA ne se vendraient pas sur le marché américain. Ce sont pourtant deux des univers les plus dynamiques d'IKEA dans le reste du monde. IKEA US était un petit acteur régional, positionnée au 16e rang en termes de part de marché.

Le *business model* d'IKEA US était défaillant et ne conduisait l'entreprise nulle part. Il fallait que nous nous décidions pour savoir si nous étions capables de réussir aux États-Unis ou pas. Si la réponse était positive, il fallait investir fortement et passer à l'offensive. C'était ça ou mettre la clé sous la porte. Le pire aurait été de continuer à faire la même chose et d'espérer obtenir des résultats différents.

Après avoir investi dans 14 magasins, disposant d'une notoriété moyenne après quinze années de présence, et identifié des possibilités d'amélioration et le potentiel élevé de ce marché immense, IKEA a décidé de passer à l'offensive avec l'ambition de faire des États-Unis l'une des futures pierres angulaires de l'entreprise.

La stratégie était très simple. D'abord, l'ensemble de la gamme commercialisée aux États-Unis devait s'aligner sur celle du groupe, ce qui permettrait aux univers salle à manger et cuisine de décoller et d'être les moteurs de la croissance des volumes de vente, à l'instar de ce qui s'était produit sur tous les autres marchés. IKEA US devait se retrousser les manches et s'aligner sur la stratégie du groupe de réduction massive des prix. Les magasins existants devaient être rénovés ou déplacés vers de meilleurs emplacements. Il fallait abaisser drastiquement le taux de rotation du personnel pour qu'il soit plus stable. Il fallait améliorer les opérations en magasins. Il fallait développer les ventes aussi bien dans les magasins existants qu'en lançant un certain nombre de nouveaux magasins. Il était important de tout faire à grande échelle : c'était la condition pour pouvoir réaliser les investissements nécessaires dans le marketing et surtout pour construire des usines de production aux États-Unis. Le seul moyen pour générer des bénéfices stables aux États-Unis était en effet d'augmenter la production locale pour se protéger de la volatilité des taux de change. Il était impossible de conserver un niveau de prix attractif tant que les marges fluctuaient de plus ou moins 10 % en fonction de la valeur du dollar.

Tout cela a été réalisé entre 2001 et 2009. De petite entreprise régionale avec 14 magasins, IKEA US est devenue une entreprise à couverture nationale avec près de 40 magasins, numéro deux en part de marché, et des ventes qui sont passées de 1 milliard de dollars en 2001 à 3 milliards en 2009. L'entreprise n'a pas encore atteint ses objectifs en matière de bénéfices à cause de la grave crise économique qu'affrontent les États-Unis et d'un dollar faible (en 2010). IKEA a ouvert une première usine de fabrication qui lui appartient en propre, et la production locale va continuer à se développer. Il ne fait aucun doute qu'au prochain retour de la croissance économique, l'augmentation de la production locale va renforcer la position d'IKEA US et lui permettre de devenir l'un des principaux contributeurs au résultat d'IKEA dans l'avenir.

La Russie

L'expérience américaine ressemblait en partie à ce qui s'était passé en Europe au début des années 1990. IKEA avait abandonné quelques-uns de ses principaux facteurs de réussite : la gamme IKEA, une politique de prix agressive et des investissements dans les magasins. Il existait aussi quelques différences : le besoin d'échelonner les activités, un environnement des affaires différent et un besoin d'approvisionnement local.

D'autres défis attendaient IKEA en Russie.

L'expérience en Russie est un exemple classique de la manière dont IKEA gère les choses et prend des risques importants pour obtenir une avance considérable sur la concurrence. Alors que toutes les autres entreprises internationales décident d'abandonner la Russie ou de l'éviter pendant les crises financières de la fin des années 1990, IKEA choisit au contraire de s'installer en Russie. Il s'agissait là d'une opportunité rare pour IKEA de s'implanter très tôt sur un marché avec un haut potentiel dans le futur, et, vu la situation économique du pays, d'acquérir des terrains sur de très bons emplacements à des prix raisonnables. Le risque était calculé. IKEA avait procédé à une évaluation de la situation et conclu que l'entreprise ne serait pas en danger même si elle y perdait tout.

IKEA développait également un nouveau *business model* pour répondre aux défis de ce marché. Les droits de douane se montaient en moyenne à 20 % sur l'ensemble des produits IKEA et il était nécessaire d'importer pendant quelques années, le temps de développer les sources d'approvisionnement locales. Garder des prix bas était aussi essentiel. La probabilité de faire des bénéfices était donc très faible pendant quelques années. Pour compenser cette faiblesse, l'idée était de construire de grands centres commerciaux reliés aux magasins IKEA. Selon les estimations, ces centres seraient suffisamment rentables pour financer les pertes des magasins IKEA jusqu'à ce que ces derniers produisent des bénéfices. Ils permettraient aussi d'attirer plus de clients et d'augmenter l'affluence dans les magasins IKEA. Le premier magasin IKEA russe a été ouvert en 2000 et le premier centre commercial de ce genre en 2002.

Dès le début, ces centres ont été de vrais succès commerciaux. IKEA est immédiatement devenue le leader du secteur des centres commerciaux en Russie avec un très large portefeuille d'enseignes locataires et un grand nombre de visiteurs. Le rendement des centres commerciaux moscovites était bon.

Les résultats des magasins sont également meilleurs que prévu. Le niveau de la concurrence et l'état du marché russe sont, comme dans tous les pays émergents, très favorables à IKEA. D'un côté, des petites boutiques ou des ateliers de menuiserie proposent des produits de qualité médiocre, peu esthétiques et pas chers, de l'autre côté, il y a les produits importés haut de gamme, d'excellente qualité mais accessibles uniquement à une petite minorité. Parallèlement se développe une classe moyenne avec un pouvoir d'achat limité et qui a besoin de produits d'ameublement de qualité à des prix accessibles. Par une chance extraordinaire, l'économie russe se redressait et le rouble se renforçait face au dollar. IKEA Russie a trouvé rapidement des emplacements et construit plusieurs magasins et centres commerciaux. La rapidité était la priorité numéro un, numéro deux et numéro trois. L'hypothèse de départ était qu'il fallait profiter d'une fenêtre d'opportunité et qu'IKEA devait s'installer dans différentes villes pour y construire des centres commerciaux avant que d'autres aient la même idée. De 2000 à 2008, IKEA ouvre 11 magasins et 11 centres commerciaux, ce qui représente un total de 2 millions de mètres carrés et 4 milliards de dollars d'investissements. Cela positionne IKEA parmi les plus grands investisseurs en Russie. Dans ses investissements, il faut inclure également un centre de distribution et plusieurs usines de fabrication appartenant en propre à IKEA. En 2009, les ventes dans les magasins en Russie atteignaient pratiquement 1 milliard d'euros, soient 4 % des ventes mondiales d'IKEA, et les magasins faisaient des bénéfices.

Il reste toutefois un certain nombre de problèmes qu'il convenait de traiter pour renforcer la solidité d'IKEA Russie et de préparer l'avenir. Le principal problème qu'IKEA devait résoudre était de réduire davantage les prix de vente tout en préservant une marge raisonnable. Lorsque IKEA s'est implantée en Russie, on s'imaginait qu'il y avait deux manières de résoudre ce défi. La première était l'espoir que l'économie serait progressivement libéralisée et que la Russie deviendrait membre de l'OMC. Cela aurait eu pour conséquence une réduction des droits de douane. Cette prévision ne s'est pas encore matérialisée jusqu'ici, et les droits de douane sont toujours à 20 % en moyenne.

L'alternative était de consacrer beaucoup de temps et de ressources humaines à la mise en place d'un approvisionnement local, aussi bien à travers des fournisseurs externes que par une production interne. Cela s'est révélé bien plus difficile que prévu. Trouver des entrepreneurs compétents capables de développer une production concurrentielle a été pratiquement impossible. Cela résulte en partie de l'absence de tradition entrepreneuriale en Russie et en partie d'un environnement économique difficile, dans lequel la bureaucratie et la corruption règnent en maîtres. Malheureusement, aucune amélioration n'a été constatée dans ce domaine au cours des dix dernières années. Il est clair que l'État russe n'a pas l'intention de favoriser le secteur de l'ameublement bien que cela puisse constituer une formidable opportunité de développer la filière des exportations russes étant donné l'abondance de matières premières dans ce pays. En réalité, IKEA représente 40 % de toutes les exportations d'articles d'ameublement russe, même si cela ne constitue qu'une toute petite partie des sources d'approvisionnement IKEA dans le monde entier. De même, les usines de production que possède IKEA en Russie rencontrent également de nombreux problèmes dans le développement de la production.

Aujourd'hui (2010), je ne suis pas très optimiste quant aux chances de renforcer l'approvisionnement local en Russie à moins que le climat des affaires s'améliore de manière significative. Malgré des investissements et des efforts considérables, IKEA a pu élever la part de l'approvisionnement local seulement à 40 % (en volume) durant toutes ces années. L'entreprise reste dans une situation inconfortable. Les volumes de vente et le pouvoir d'achat sont très différents entre Moscou, Saint-Pétersbourg et les villes de province. Si on classe Moscou à l'indice 100, Saint-Pétersbourg a un indice de 60 et les villes de province un indice de 30. Cela signifie qu'on peut réaliser des ventes et faire des bénéfices à Moscou mais que l'entreprise perd de l'argent en province. Et cette situation ne changera pas tant qu'on ne trouvera pas de solution pour réduire nettement les prix de vente, et cette solution n'existe pas aujourd'hui.

Le deuxième problème en Russie a été le développement des centres commerciaux. D'un point de vue commercial, ces centres ont été des succès avec une large gamme d'enseignes, de nombreux visiteurs, des chiffres d'affaires élevés et un rendement très intéressant. Toutefois des dépenses importantes ont plus que largement entamé les gains générés par ces centres. Cela s'explique par l'environnement économique difficile en Russie ainsi que par la priorité accordée à la vitesse d'expansion : IKEA a de grandes difficultés à gérer et contrôler cette situation.

En raison de cette expansion rapide, IKEA se retrouve vulnérable dans des situations qui se sont révélées coûteuses. Les nombreux procès et règlements à l'amiable avec les entreprises de construction, les escrocs et les pouvoirs publics ont été et sont toujours une véritable préoccupation pour tout ce qui concerne l'immobilier en Russie.

De nombreux changements ont été effectués au niveau de l'encadrement et du personnel, et en 2008, IKEA a décidé de geler tous les projets de nouveaux centres commerciaux et de nouveaux magasins, excepté peut-être à Moscou, jusqu'à ce que ces problèmes soient résolus.

Le *business model* des centres commerciaux est bon, mais il faut le consolider et atteindre le point de rentabilité. Les magasins doivent trouver une solution aux problèmes d'approvisionnement avant que l'ouverture de nouveaux magasins se justifie.

IKEA est très bien positionné pour réussir sur ce marché.

Asie-Pacifique

L'orientation impulsée par « Ten Jobs in Ten Years » (10/10) déclare : « En Asie-Pacifique, le principal défi sera d'occuper un bastion solide dans les pays où nous avons déjà choisi de pénétrer pour atteindre le point de rentabilité ». En 1999, IKEA n'avait qu'une présence très marginale en Asie-Pacifique. En tout, il y avait 6 petits magasins, plutôt des boutiques d'ailleurs, 4 en Australie et 2 en Chine. L'approvisionnement de ces magasins provenait d'un entrepôt central en Malaisie, où se trouvait le siège d'IKEA Asie-Pacifique. Aucun magasin ne faisait de profit. Pourtant, l'Asie-Pacifique avait le potentiel de devenir le troisième pilier de la stratégie géographique d'IKEA, avec l'Europe et l'Amérique du Nord. Les perspectives de croissance à long terme étaient évidentes.

Quelle était la stratégie la plus appropriée à mettre en œuvre ? La réponse, une nouvelle fois, était d'agir comme on aurait dû le faire dès le début. Il fallait bâtir des grands concept-stores IKEA qui exposeraient l'ensemble de l'offre. Il fallait également trouver un moyen pour rivaliser avec les concurrents, avec des prix largement inférieurs tout en réalisant des bénéfices. Pour cela, il fallait bâtir à des échelles suffisamment larges et détenir suffisamment de leviers pour agir sur la chaîne d'approvisionnement. Cela nécessitait une action dans deux grands marchés au moins. La Chine était un candidat naturel, mais générer assez de volumes de ventes dans ce pays requérait du temps, vu le faible pouvoir d'achat de la population et le niveau bas des prix de vente à mettre en place. La réponse était donc de rajouter le Japon à la Chine pour que dès le début, il soit possible d'avoir des niveaux de ventes élevés. La proximité de ces marchés était en l'occurrence très heureuse. La recherche de prix concurrentiels rendait nécessaire la mise en place d'un approvisionnement local et la création d'un entrepôt-hub central en Chine.

Les bureaux régionaux ont donc été déplacés de Singapour/Malaisie à Shanghai. Un immense entrepôt central de 200 000 m^3 y était construit complété par des entrepôts locaux en Australie et au Japon. L'approvisionnement local était plus facile en Chine qu'en Russie. Ne pas subir la pression du temps comme c'était le cas en Russie s'avérait être un avantage. Comme il n'y avait pas d'opportunités spécifiques en termes de délai en Chine, l'activité pouvait être développée d'une manière organisée.

Grâce à une chaîne d'approvisionnement existant sur place, la stratégie à mener était simple en Australie : remplacer les petites boutiques avec des grands magasins IKEA et les gérer de façon classique car l'Australie est comparable aux marchés européens. IKEA réalise aujourd'hui d'excellents résultats en Australie.

Le Japon était un cas singulier, inhabituel pour l'entreprise. Parmi ses points positifs, le Japon est un marché immense, avec un pouvoir d'achat et une densité de population élevés. La compétition y était fragmentée, traditionnelle, avec une faible présence d'entreprises internationales et des prix de vente élevés (du fait de la faiblesse de la concurrence). Le style IKEA pouvait correspondre aux goûts des Japonais. Les valeurs du Japon évoluaient, et l'arrivée d'IKEA, avec un projet unique et ses valeurs, s'intégrait dans ce changement.

Il y avait des problèmes, naturellement. Le prix des terrains y est très élevé. Ce n'était pas un problème à court terme en raison des taux d'intérêts proches de zéro, mais cela représentait un vrai risque potentiel pour l'avenir. L'exigence est également très élevée en matière de service et de qualité, et nul ne savait si le client japonais accepterait la notion de self-service. De même, la culture japonaise était étrangère à celle d'IKEA, et il était difficile de savoir si elle allait bien se conjuguer avec les valeurs d'IKEA. Il n'y avait pas de raisons particulières pour penser le contraire, mais il fallait néanmoins le prendre en compte au moment de recruter des cadres japonais. Il existait également un problème, de loin le plus important : les normes très restrictives japonaises concernant la quantité de formaldéhyde dans les produits d'ameublement. Le niveau maximum accepté était la moitié de celui des autres marchés. Cela impliquait que des centaines de produits parmi les plus importants de l'offre IKEA devaient être fabriqués spécifiquement pour le marché japonais, et ce pour un prix d'achat supérieur de 20 % au prix habituel. Un tel niveau de prix était possible à court terme, mais intenable sur le long terme. Il fallait donc impérativement trouver une solution avant que la décision d'entrer ou non sur le marché japonais soit prise.

La solution choisie est encore une fois typique d'IKEA : transformez le problème en opportunité ! On lance un projet avec l'ambition de réduire la quantité de formaldéhyde en vue de se conformer aux niveaux requis par les Japonais, et ce sans augmenter les coûts. L'idée était que tôt ou tard les normes deviendraient tout aussi strictes dans les autres pays, et c'était là une opportunité pour IKEA de trouver une solution sans être dans l'urgence. C'était également une forme d'engagement écologique. IKEA trouve la solution, le taux japonais de formaldéhyde est maintenant devenu la norme pour tous les produits IKEA, et est en voie d'être la nouvelle norme dans toute l'industrie de l'ameublement.

Le premier magasin IKEA japonais s'ouvre en 2006. En 2009, cinq projets de magasins avaient été lancés, trois dans la région de Tokyo, un à Kobe et un à Osaka. Dans l'ensemble, l'offre IKEA, le concept de magasin IKEA et les prix proposés ont bien réussi au Japon. Le seul problème est la faible consommation par habitant en matière de produits d'ameublement. Développer l'intérêt pour les meubles exige des efforts importants. Les ventes d'IKEA au Japon se rapprochaient de 400 millions d'euros en 2009 et IKEA y réalisait des bénéfices importants.

Les problèmes étaient différents en Chine. Contrairement à la Russie, l'environnement économique est beaucoup plus favorable. Les autorités chinoises sont plus coopératives, savent prendre des décisions rapidement et ont en général une volonté réelle d'aider et d'agir au mieux des intérêts de son peuple. La concurrence est très intense en termes de prix, et la taille du pays, sa population immense avec un pouvoir d'achat faible soulevaient plusieurs problèmes. Il est facile d'acheter en Chine, mais y vendre est très difficile.

La clé du succès passait par la stratégie d'approvisionnement. Il fallait diminuer les prix de vente d'au moins 50 % par rapport aux prix importés d'Europe. Dans ce but, il fallait combiner approvisionnement local et gros volumes de vente. En 2009, plus de 50 % des produits vendus en Chine étaient d'origine chinoise. Les prix ont été diminués conformément au projet. Le principal problème à l'avenir dans cette stratégie d'approvisionnement est le contrôle de la qualité des produits et des conditions de travail chez les fournisseurs.

Outre la stratégie d'approvisionnement, d'autres éléments dans la stratégie commerciale devaient également être ajustés. La baisse des prix entraînait une augmentation du volume de vente des magasins, et d'autre part, le nombre de visiteurs était également beaucoup plus élevé que ce à quoi IKEA était habitué. Il fallait adapter les magasins en conséquence. La réponse était un magasin construit sur trois étages plutôt que les deux étages habituels, le show-room et le hall commercial se trouvant au-dessus de l'entrepôt. Cela permettait de traiter des volumes importants sans acheter davantage de terrains qui sont chers en Chine, parfois même plus chers que dans les pays occidentaux. Une nouvelle approche concernant la distribution massive du catalogue IKEA devait être adaptée pour tous les foyers de la zone commerciale, à savoir une distribution plus sélective, vu le grand nombre d'habitants. Il fallait également adapter la gamme de produits, notamment pour proposer des produits à bas prix.

Le *business model* d'IKEA en Chine a maintenant fait ses preuves et l'entreprise est concurrentielle et rentable. En 2010, IKEA comptait 9 magasins en Chine, et il est maintenant possible d'envisager d'en lancer de nouveaux à un rythme plus élevé.

Le chiffre d'affaires des trois pays d'Asie-Pacifique, Australie, Japon et Chine, avoisine maintenant 1 milliard d'euros et les trois marchés sont tous rentables depuis 2009. La stratégie d'approvisionnement et de fournisseurs fonctionne très bien et est dirigée par une très bonne équipe. Le potentiel de ces marchés pourrait à l'avenir permettre de devenir un moteur de croissance pour IKEA pendant de nombreuses années. L'objectif du plan 10/10 en vue de détenir un bastion solide et d'atteindre le point de rentabilité en Asie-Pacifique en 2009 a été réalisé.

Entreprise locale ou géant mondial de la distribution ?

Devenir un géant mondial de la distribution est naturellement une ambition passionnante pour toute entreprise, et pourtant grandir et être reconnu peut avoir des inconvénients. Certaines personnes se méfient des entreprises de taille mondiale, parce que ces dernières seraient la ruine des petites entreprises, ou exploiteraient les pauvres des pays en développement, sans compter une certaine peur pour les *Big Business* qui disposeraient de trop de pouvoir. Le lien local est très important pour le client. Les géants mondiaux de la distribution ne doivent pas ignorer cela. Avoir une identité, des racines et un lien local doit être une composante importante des valeurs et de la stratégie de toute entreprise.

Si l'on considère le cas d'IKEA, a-t-on affaire à une entreprise suédoise, avec une touche locale ? Ou à un géant mondial anonyme de la grande distribution ? Le fondateur vit en Suisse, le siège se trouve aux Pays-Bas, le propriétaire est une fondation néerlandaise. Moins de 10 % des employés vivent en Suède. La Suède ne représente que 7 % des ventes et 5 % des achats, et cette proportion va encore diminuer à l'avenir. Avec seulement 7 % de ventes sur un marché domestique, IKEA est sans doute l'une des chaînes de distribution les plus internationales au monde.

Qu'est-ce qui donne alors à IKEA sa nature suédoise unique ? Selon moi, cela tient à trois choses : les racines, les valeurs et le style de management, et enfin la gamme. Le tout rehaussé par les couleurs bleu et jaune des magasins (les mêmes que le drapeau suédois), et les restaurants qui proposent des plats suédois.

Commençons par les racines. Il est essentiel pour les entreprises d'avoir une histoire et une âme. L'âme d'IKEA vient du territoire du Småland, une région où Ingvar Kamprad a grandi. L'histoire et la personnalité du fondateur explique comment IKEA est devenue ce qu'elle est aujourd'hui, et donne à l'entreprise un visage humain.

Les valeurs et le style de management cimentent l'ensemble de l'entreprise. Les valeurs IKEA sont le reflet de celles de son fondateur, mais vont-elles correspondre aussi à l'idée qu'ont de nombreux étrangers des Suédois et de leur style de management ?

En Scandinavie la gamme doit être vue comme typiquement IKEA, et hors de Scandinavie, elle doit être vue comme typiquement suédoise. Le style suédois est l'un des avantages concurrentiels d'IKEA, qui la distingue directement des autres enseignes d'ameublement. Cette distinction ne porte pas uniquement sur l'esthétique des produits mais également sur le style d'ameublement dans les magasins et sur le mode de vie suédois dans le catalogue.

Au fil des ans, IKEA deviendra de plus en plus mondialisée, ce qui est nécessaire pour soutenir une croissance continue, mais exige un renforcement du caractère suédois de l'entreprise dans d'autres domaines. L'identité suédoise doit en effet rester un avantage concurrentiel, à travers la gamme, les valeurs et les racines. Je pense qu'il est possible de maintenir cela. Montrer une « touche locale » est une autre paire de manches. Pour ce faire, il faut accorder plus de liberté en matière de prise de décision aux directeurs des magasins, et ces derniers doivent de préférence être enracinés localement.

Tout géant mondial de la distribution doit posséder des racines claires et montrer un lien avec le territoire d'implantation. Le fait d'être un géant mondial n'est avantageux que pour quelques parties prenantes comme l'actionnaire ou les marchés financiers. À l'inverse, que l'entreprise soit locale sera de plus en plus important pour les clients et pour toutes les autres parties prenantes. Les entreprises locales sont souvent plus impliquées dans la communauté locale. Elles peuvent décider de faire du mécénat, de se lancer dans des actions caritatives ou s'engager dans d'autres formes de redistribution, et elles ont ainsi un engagement à long terme avec la communauté. Cette responsabilité sociétale de l'entreprise peut se développer en partie, mais en partie seulement, à travers de grands projets et du mécénat décidé au niveau du siège social. Cependant que pour le plus grand nombre, la participation à la vie locale est plus importante dans la perception de l'entreprise comme une organisation socialement responsable.

L'expansion mondiale dans le secteur de la distribution

La mondialisation du secteur de la distribution a donné des résultats mitigés au cours des dernières années. Il y a dix ans, quand j'évaluais les concurrents d'IKEA, j'étais certain qu'on allait assister à une vague d'expansion internationale des géants du secteur. Beaucoup ont essayé, mais les résultats ne sont pas toujours convaincants. Très peu de grandes surfaces européennes ont réussi aux États-Unis, et réciproquement. Le géant américain Home Depot a renoncé à ses ambitions internationales il y a quelques années. Walmart a tenté vainement de s'implanter en Allemagne. Carrefour a quitté le Japon, la Thaïlande, la Malaisie et la Russie. Les entreprises européennes semblent se limiter aux pays qui leur sont limitrophes ou aux pays d'Europe de l'Est et à la Russie. Les groupes américains restent en Amérique du Nord et en Amérique latine. Le Japon demeure un territoire relativement inexploré. Et aucun géant de la distribution ne s'est développé dans les pays émergents. La mondialisation de l'approvisionnement est devenue une pratique courante, mais la mondialisation de la distribution à travers des enseignes appartenant en propre aux grandes entreprises du secteur n'a pas décollé.

L'exemple d'IKEA fournit quelques indices précieux dans ce sens. D'abord, une expansion mondiale ne peut sérieusement réussir si l'entreprise ne propose pas une offre vraiment unique, avec laquelle les concurrents locaux ne peuvent pas rivaliser. Si l'on examine les grandes surfaces actuelles, tant les hypermarchés que les enseignes spécialisées dans l'électronique ou le bricolage, elles ne proposent pas d'offres réellement originales et sont incapables de se différencier d'une manière notable d'un pays occidental à l'autre. Toutefois une offre « occidentale » peut avoir une chance d'être appréciée et unique dans les pays émergents.

Ensuite, la deuxième difficulté est le scénario le plus probable lorsqu'on pénètre dans la plupart des marchés émergents qui sont ceux de plusieurs années sans bénéfices ou presque, avec un risque élevé avant que l'entreprise puisse enfin recueillir les fruits de ses efforts. Cela peut refroidir les investisseurs et les dirigeants des entreprises cotées en Bourse, qui sont surtout à la recherche de rendements élevés à court terme.

La troisième difficulté est que la plupart des géants de la distribution ont une expérience limitée des marchés étrangers, et les différences culturelles notamment semblent constituer un obstacle déterminant pour nombre d'entre eux.

Les limitations propres aux entreprises ne constituent pourtant qu'un des aspects des éléments qui entravent le développement de la mondialisation de la grande distribution. Le manque de progrès dans l'établissement de marchés libres et concurrentiels m'inquiète également. La plupart des hommes d'affaires adhèrent à l'idée des bienfaits de la libre concurrence, et pourtant, il y a de nombreux exemples d'entreprises qui font tout pour l'entraver. Les médias nous rapportent de temps en temps des cas d'entente sur les prix, mais des arrangements plus subtils pour éviter une guerre des prix sont plus fréquents. Il s'agit par exemple des fabricants de produits de marque cherchant à contrôler les prix de vente au détail de leurs produits, ou de grandes surfaces qui évitent de rivaliser au niveau des prix pour préserver le niveau de leurs marges, le tout au détriment des consommateurs et des entreprises qui pratiquent une concurrence loyale. De même, la consolidation est une tendance forte dans de nombreux secteurs d'activités, et cela a pour conséquence de réduire le niveau de la concurrence. De nombreux secteurs se caractérisent au mieux par un oligopole. Cela renforce évidemment les barrières à l'entrée sur de nouveaux marchés.

Les États et les hommes politiques disent également vouloir instaurer plus de libre concurrence, et dans le même temps on constate de plus en plus l'apparition, l'extension ou la prolongation de barrières commerciales de toutes sortes sur de nombreux marchés. Dans le cas d'IKEA, plusieurs exemples ont été déjà cités : les droits de douane (en Russie), les normes des produits (formaldéhyde au Japon), la bureaucratie et la corruption (en Russie), les licences d'exploitation (dans plusieurs pays européens) et les fluctuations monétaires (aux États-Unis et en Russie). Ce sont autant de parfaites illustrations des problèmes qui entravent l'expansion mondiale. On s'interroge également de savoir si le pays dans lequel on désire s'implanter est une démocratie ou pas. Les directives de l'ONU constituent à mes yeux un bon critère en la matière. Être présent sur un marché où la démocratie est absente est souvent une meilleure manière d'encourager le progrès que promouvoir l'isolement de ce pays. Dans le même ordre d'idées, devrait-on également refuser de produire dans des régions où le travail des enfants est pratique courante ? C'est assurément la voie de la facilité si l'on veut éviter de faire les gros titres de la presse occidentale, mais je pense personnellement qu'être présent dans ces pays et les influencer par nos politiques, nos actions et nos valeurs sont de bien meilleures armes pour éradiquer ce fléau.

Le problème de la corruption est une question fondamentale lorsqu'on investit un nouveau marché. La corruption est peut-être la plus grande menace à la mondialisation dans la grande distribution et pour la croissance en général dans les pays en développement. Pendant mes années chez IKEA, je n'ai pas constaté d'améliorations notables en ce qui concerne ce problème. Nous savons tous que la corruption est rampante dans de nombreux pays en développement, mais les cas de corruption sont également plus nombreux dans les pays occidentaux, aussi bien dans le secteur public que privé.

Si vous refusez catégoriquement la corruption (ce que nous devrions faire), il vous sera difficile d'implanter votre entreprise dans beaucoup de pays si votre activité dépend de décisions ou d'autorisations des autorités locales. C'est une menace réelle pour la mondialisation. Je trouve que l'on accorde trop peu d'attention et consacre trop peu d'effort à la lutte contre la corruption et à la manière de la gérer au niveau des entreprises. Il faudrait que ce sujet soit prioritaire dans les projets des États et des organisations internationales.

Que se passera-t-il donc dans les prochaines années ? Nombre d'obstacles et problèmes évoqués ici continueront sans doute de se poser.

Nous assisterons à une croissance faible du PIB dans la plupart des pays européens et aux États-Unis, ainsi qu'à un vieillissement de la population, une part de plus en plus importante des dépenses de ménage sera consacrée aux télécommunications, aux technologies de l'information, à la santé et à l'énergie, au détriment de l'ameublement, des articles de mode, du bricolage et autres créneaux habituels de la grande distribution. La croissance des entreprises résultera de la capacité à battre les concurrents et non du développement du marché. Dans des marchés de plus en plus consolidés, seuls les meilleurs vont survivre. La croissance sera de plus en plus difficile, d'autant plus que l'arrivée de nouveaux acteurs sur de nombreux marchés se heurtera à de plus en plus de restrictions. La multiplication des consolidations amènera les autorités de régulation de la concurrence à se pencher sur les acquisitions potentielles. La majorité des grands acteurs de la distribution occidentale, dont les marges sont fragiles, vont essentiellement consacrer leurs efforts à défendre leur marché domestique. Dans un tel contexte, il sera urgent, peut-être plus encore que ce que nous imaginons aujourd'hui, pour les grandes surfaces occidentales d'apprendre à se développer sur les nouveaux marchés émergents. Comme les parts de marché sont faibles dans les marchés émergents, il faudrait que ces derniers connaissent une croissance forte pour que cela puisse profiter de manière significative à la croissance de beaucoup d'entreprises occidentales.

Parmi les prochaines questions importantes dans la mondialisation de la distribution, il y a celle de la libéralisation ou non des règles en matière de droits de propriété pour les grandes surfaces étrangères, en Inde notamment. Une telle ouverture serait une excellente opportunité pour la majorité des géants de la distribution, mais elle semble encore hautement improbable, en tout cas dans un futur proche. Il y a de nouveaux marchés émergents avec un potentiel intéressant, en dehors des BRIC : l'Égypte, la Turquie, le Mexique et le Viêtnam, qui ont tous la capacité de devenir des marchés en croissance élevée. Autre question : qui sera le premier géant de la grande distribution originaire d'un pays en développement ? Une telle émergence serait un défi intéressant pour les grands distributeurs mondiaux d'aujourd'hui.

Réussir comme grand distributeur réellement mondial est un défi permanent. Comme nous l'avons vu, les différents problèmes sur les marchés européens, nord-américains, asiatiques, russes et autres obligent de nombreuses entreprises de la distribution à faire beaucoup d'efforts. Il semblerait que les critères de réussite soient : la capacité à adapter l'offre pour l'ajuster aux différents marchés tout en préservant son caractère unique ; la capacité de proposer des prix concurrentiels, notamment sur les marchés émergents ; avoir des valeurs fortes qui peuvent s'ajuster à différentes cultures ; approcher les nouveaux marchés de manière à ce que l'entreprise soit perçue comme étant un acteur contribuant à la communauté et ne se contentant pas de s'enrichir ; être prêt à prendre des risques et accepter de faire peu ou pas de profit pendant plusieurs années sur les marchés à fort potentiel de croissance ; et enfin avoir un marché domestique très lucratif qui permet de financer tout cela. Rares sont les géants de la distribution qui correspondent à cette description.

CHAPITRE 5

Un propriétaire déterminé avec une perspective à long terme

Quelle est la structure de propriété ou de gouvernance adaptée pour être une entreprise performante et qui contribue également à l'amélioration de la société ? Comme je l'ai développé à de nombreuses reprises dans cet ouvrage, il y a un certain nombre d'éléments qui doivent être mis en place et favorisés par le ou les propriétaires : la perspective à long terme, la prise de risque, la rémunération équitable des cadres, des racines et une histoire, des valeurs fortes et une vision qui s'adresse à toutes les parties prenantes.

Quels sont les inconvénients d'être une entreprise cotée ou non en Bourse, ayant un fondateur/propriétaire détenant le pouvoir à la tête de l'entreprise, comparée à une structure de société anonyme ? À mes yeux, il n'y en a pas beaucoup. Peut-être le manque de transparence et une publicité négative dans un cas ou un manque de financement dans l'autre cas. Une autre question, la motivation liée à la participation peut se poser dans les entreprises détenues à 100 % par leur(s) fondateur/propriétaire(s) et dans lesquelles les collaborateurs les plus importants n'ont pas la possibilité d'acquérir des parts dans l'entreprise. Du côté positif, je constate plusieurs avantages dans le contrôle fort d'une entreprise par son propriétaire. Cette position favorise une approche à long terme et la prise de risque, et ces deux facteurs sont les plus à même de créer des transformations majeures ou de générer de plus fortes opportunités pour dépasser la concurrence. L'existence d'un fondateur/propriétaire à la fois présent et compétent est un avantage. Le fondateur est un facteur crucial dans l'établissement de racines fortes et dans la création de valeurs fortes qui donneront son âme à l'entreprise, et qui susciteront plus facilement la loyauté et la motivation des collaborateurs. Aucun PDG salarié ne reste en place suffisamment longtemps pour tenir ce rôle. Grâce à ses compétences et à son savoir-faire, le fondateur peut également stimuler la direction de l'entreprise ou refréner le désir de cette dernière de s'octroyer trop d'avantages et de rémunérations. Avec un propriétaire fort à sa tête, l'entreprise a plus de chances de devenir une « bonne entreprise ». Les profits peuvent être alloués vers des causes justes sans que cela ne soit sujet de grands débats. Les sociétés ayant à leur tête un actionnariat déterminé et contrôlant la société sont mieux placées que celles ayant une structure de propriété diluée lorsqu'il s'agit de favoriser la compétitivité, de recruter un personnel dévoué et d'être socialement responsable. Tout cela dépend naturellement du fondateur ou du propriétaire, qui doit posséder des qualités, comme la sagesse, le dévouement, les connaissances, le leadership, et des valeurs.

Les fonds de capital-investissement (*private equity*), ont deux objectifs fondamentaux qui ne cadrent pas avec ma conception de la réussite : la possibilité de sortir du capital de l'entreprise au bout d'une courte période (cinq à sept ans), et leur principal objectif est de ne satisfaire qu'une seule partie prenante à savoir les actionnaires. Il est très difficile pour les entreprises dont le capital est détenu par ces fonds de prendre les risques nécessaires, de s'engager sur le long terme, de développer des racines et des valeurs, c'est-à-dire l'âme de l'entreprise, et par conséquent de contribuer à l'amélioration de la société.

Quel est alors le sort des entreprises cotées composées d'un actionnariat largement ouvert ? Sont-elles condamnées à opérer à court terme, à avoir des résultats financiers médiocres et une mauvaise réputation ? Évidemment, tout n'est pas aussi caricatural. Il existe des sociétés non cotées qui ont une mauvaise réputation, et des entreprises cotées qui travaillent de façon remarquable. En théorie, les dirigeants et les membres des conseils d'administration des entreprises cotées devraient agir comme si l'entreprise leur appartenait. Est-ce que cette hypothèse correspond à la réalité ? Prenons comme base de réflexion la comparaison effectuée par un journal suédois en 2010 entre des entreprises cotées, dont les actionnaires détenaient moins de 10 % des parts, avec l'indice de performance OMXS de la Bourse suédoise d'une part, et d'autre part l'indice des petites entreprises CSX (composé d'entreprises dont les propriétaires sont actionnaires majoritaires) entre 2002 et 2010 : l'indice des actionnaires non majoritaires n'a progressé que de 196 contre 226 pour l'OMXS et 261 pour le CSX.

Regardons l'exemple d'IKEA, entreprise qui remplit la plupart des critères des entreprises non cotées évoqués plus haut. IKEA est plus précisément une fondation néerlandaise. Cette structure a été mise en place en 1982, selon Ingvar Kamprad elle avait principalement pour objectif d'assurer l'avenir de la société en éliminant le risque du démembrement ou de la vente par les générations futures.

L'autre objectif, quoique probablement moins important, a été peut-être de créer une structure fiscalement avantageuse. La société mère est une holding, INGKA Holding BV, propriété de INGKA Foundation, qui à son tour est détenue par la Fondation IKEA. L'une des clauses des statuts de la fondation spécifie que les donations doivent être faites pour l'innovation en architecture et dans l'aménagement intérieur.

Cette organisation et son manque de transparence sont à l'origine de la majorité des critiques contre IKEA depuis beaucoup d'années. Lorsqu'une société n'est pas cotée en Bourse, elle a peu d'obligation d'informer, d'expliquer ses résultats financiers et sa structure organisationnelle. La stratégie choisie par le fondateur a jusqu'ici été d'en dire le moins possible, et par conséquent IKEA a été perçue comme une entreprise secrète. Cela a généré des spéculations, certains arguant du fait que l'entreprise avait sans doute des choses à cacher. Les spéculations portent-elles autour de la stratégie fiscale d'IKEA ? L'enrichissement du fondateur ? Même s'il affirme le contraire, la réalité de la responsabilité sociale de l'entreprise ? Il y a eu plusieurs tentatives dans la presse pour percer la structure d'IKEA (la meilleure, la plus correcte à mon avis, a été publiée dans *The Economist* en 2006). Si je devais répondre à ces questions aussi objectivement que possible, je dirais que oui, IKEA a une stratégie fiscale efficiente. Le taux d'imposition d'INGKA Holding BV a été de 25 % pendant de nombreuses années, et il est descendu autour de 20 % récemment (ces chiffres sont publics et sont analysés par les médias régulièrement). Chaque entreprise dans chaque pays paie des impôts et des taxes locales normalement. Cependant le taux moyen d'imposition est par contre indubitablement plus faible pour INGKA Holding BV que pour la plupart des entreprises de la grande distribution.

Ceci s'explique par le fait que la structure de vente en gros d'IKEA est une entreprise suisse, et que sa trésorerie est gérée par une entreprise belge, toutes les deux fiscalement avantageuses. Ceci n'est pas inhabituel dans les entreprises, avec des structures similaires. La stratégie fiscale d'IKEA est certainement avantageuse, mais pas abusive. La diminution des impôts ces dernières années est plus le résultat de la baisse généralisée des taux d'imposition dans de nombreux pays, ainsi que des ventes et des bénéfices dans les pays où IKEA est installé. Le choix par une entreprise de localiser ses activités dans des pays avec des taux d'impositions plus avantageux fait partie de la stratégie globale de maîtrise des coûts. Chaque pays rivalise dans cette compétition avec une politique fiscale à laquelle les entreprises réagissent. Le plus important est qu'IKEA paie des impôts dans les pays où elle est établie.

IKEA agit-elle de manière socialement responsable ? Tout dépend de ce que l'on entend par « responsabilité ». IKEA est selon moi une entreprise responsable dans la manière avec laquelle elle développe ses activités, ses relations vis-à-vis de ses différentes parties prenantes. Si l'on définit la responsabilité comme la contribution de l'entreprise ou de ses propriétaires à des causes caritatives, on peut sans doute dire qu'elle peut toujours mieux faire. L'un des problèmes réside dans les limites prévues par les statuts de la fondation : elle peut difficilement agir au profit de nombreuses causes étant donné qu'elle n'a le droit de financer que l'architecture ou l'aménagement intérieur. Pour pallier cet inconvénient, de nombreux projets ont été financés directement par les différentes sociétés IKEA plutôt que par la Fondation elle-même. Plusieurs mesures importantes ont également été prises pour modifier les buts de la fondation pour qu'il soit possible de soutenir certaines causes. Une fois cela mis en œuvre, je pense qu'à l'avenir nous verrons des contributions plus importantes de la part d'IKEA Foundation.

À ce sujet, je ne peux m'empêcher de m'interroger sur le débat qui existe parfois dans les médias à propos des actions caritatives. Que les riches et les organisations prennent part à des actions caritatives est bien évidemment une très bonne chose dans la plupart des cas, en particulier si cette action a pour but d'améliorer l'« employabilité » des personnes défavorisées, à travers l'éducation et la santé par exemple. Je suis toutefois en désaccord avec une opinion parfois exprimée selon laquelle celui qui donne le plus est le « meilleur » qu'il convient de nuancer selon moi. C'est peut-être le cas si la richesse accumulée et distribuée a été correctement acquise, c'est-à-dire qu'elle est le produit d'une activité durable et responsable, conduite au profit de toutes les parties prenantes. Cela est également le cas si l'entreprise a d'abord réinvesti ses gains et a permis ainsi de se développer jusqu'à ses limites, parce que je crois que conduire ses activités d'une manière responsable contribue davantage à la société que simplement distribuer ses recettes aux actions caritatives. Ces considérations doivent être prises en compte lorsqu'on évalue et identifie les contributions sociétales des propriétaires d'entreprises passés ou présents. Il vaut également la peine de réfléchir sur les mots de Gandhi lorsqu'on parle des donations : « Ce n'est pas le montant de nos dons qui détermine le niveau de notre engagement, mais plutôt la proportion entre ce que nous avons et ce que nous donnons ».

Le point faible, selon moi, de l'organisation d'IKEA est le système de franchise. Un tel système est bien évidemment normal, et de nombreuses franchises opèrent de la même façon qu'Inter IKEA Systems dans le monde entier. Le problème réside dans le fait que cela peut être vu comme une stratégie fiscale trop avantageuse étant donné que les sociétés mères d'Inter IKEA perçoivent une redevance annuelle de 3 % des ventes, et sont basées au Luxembourg et aux Antilles néerlandaises (selon *The Economist*). Peut-être faut-il reconsidérer cette structure ? À l'époque, ces paradis fiscaux n'étaient pas autant critiqués et surveillés, mais étant donné les exigences de transparence grandissantes, il me semble qu'il vaudrait mieux communiquer sur ce point de manière plus ouverte.

Ingvar Kamprad fait-il de l'argent à travers cette structure hors contrôle ? Je n'en suis pas certain, mais je pense sincèrement que ce n'est pas le cas. Pour le connaître depuis si longtemps, je suis certain que la seule chose qui le préoccupe est de faire ce qui est le mieux pour IKEA. Davantage de transparence dans le circuit de l'argent d'Inter IKEA serait sans doute le meilleur moyen de mettre fin aux spéculations négatives. Cela permettrait à l'entreprise de mieux répondre au besoin de plus en plus important de transparence dans la société actuelle.

IKEA a un fondateur dévoué. J'ai eu la chance de connaître et de travailler avec Ingvar Kamprad pendant vingt ans en commençant par être son assistant en 1988. Son dévouement envers IKEA, son intuition fabuleuse, sa volonté extraordinaire, son énergie et sa détermination, sa capacité unique à ne pas se laisser impacter par le succès et la fortune, sa nature attentionnée et son humour, sa capacité à transformer les problèmes en opportunités m'ont toujours fasciné. Et la liste de ses qualités pourrait être longue. Je suis très fier de la confiance qu'il m'a accordée en me nommant PDG en 1999. Mais il y a également un revers à toute médaille et l'amour qu'il porte à IKEA, sa volonté de ne pas lâcher prise, sa certitude d'être la seule personne qui sait vraiment ce qui est le mieux pour IKEA sont autant de risques qui menacent une transition en douceur le jour où il devra (avec réticence) passer le relais. Un grand homme projette une grande ombre, et il est parfois difficile de sortir de cette ombre. Je suis toutefois plutôt optimiste. IKEA est à la fois prête et désireuse de prendre cette responsabilité. Les gens chez IKEA ont montré qu'ils étaient capables de prendre les meilleures décisions et diriger l'entreprise par eux-mêmes. Certains risques susceptibles d'affecter la transition existent pourtant. Le plus important est l'affaiblissement progressif du rôle des valeurs et de la vision IKEA dans l'orientation de l'entreprise. Ingvar Kamprad a été leur farouche défenseur, et IKEA doit trouver un successeur ayant un rôle central dans la famille du fondateur pour assumer cette responsabilité. Le deuxième risque est qu'il faut prévoir et établir une relation forte, claire et de confiance entre les trois structures importantes, la famille, le conseil d'administration d'INGKA et la direction du groupe. Chacune joue un rôle important et il faut créer une base commune sur laquelle tous pourront agir d'une manière optimale en apportant de la clarté et de la motivation dans l'organisation. Si cela peut être concrétisé, il ne fait aucun doute pour moi qu'IKEA a la capacité de continuer à se développer et à prospérer pendant de nombreuses années encore. La structure de la fondation peut être un bon modèle. La succession du propriétaire, à l'inverse, est un grand défi.

Quelle est la meilleure manière de réussir le passage du flambeau d'une génération à la suivante ? En Suède, mon pays natal, il existe plusieurs exemples de passage de relais entre fondateurs et générations suivantes, permettant à la nouvelle génération de poursuivre la croissance et le développement de l'entreprise. Des sociétés comme Hennes & Mauritz, Axel Johnson, Bonnier ou Wallenberg sont toutes détenues majoritairement et dirigées par les mêmes familles depuis plusieurs générations. Elles sont considérées comme de bons exemples et sont très importantes pour la société suédoise (IKEA est une entreprise de première génération et doit encore passer le test de la succession). Toutes ces entreprises ont en commun d'avoir une nouvelle génération composée de personnes compétentes et dévouées, prêtes à diriger l'entreprise à la fois comme PDG et comme propriétaire. La meilleure solution est d'attendre que la génération suivante soit capable de prendre des responsabilités opérationnelles en tant que PDG (par la méritocratie) et en même temps d'assumer le rôle de propriétaire. Le futur dirigeant doit en effet être fermement intégré dans les activités de l'entreprise pour non seulement bien comprendre ses activités, mais également construire des relations loyales et de confiance avec ses collaborateurs. Il ne sera pas ainsi uniquement en charge de définir la politique générale de l'entreprise, mais également en position de renforcer les valeurs et la vision de l'entreprise. Les actifs financiers s'acquièrent par héritage, mais la loyauté et le respect des collaborateurs, c'est-à-dire les actifs les plus importants de l'entreprise, doivent être mérités par chaque génération.

Si la génération suivante ne peut occuper en même temps les fonctions de PDG et de propriétaire, l'option consiste à avoir un propriétaire dévoué et déterminé qui collabore étroitement avec un PDG salarié, de préférence recruté en interne, possédant les compétences optimales et partageant les valeurs de la société.

Tout cela semblera sans doute assez évident. Mais qu'en est-il lorsque aucun membre de la famille ne désire ou n'a pas les capacités de diriger l'entreprise ? Le fondateur doit alors décider quelle est sa priorité : l'intérêt de l'entreprise et de ses parties prenantes, sa propre réputation ou l'indépendance financière des futures générations de sa famille. J'opterais pour le premier choix parce que assurer le développement de l'entreprise est à mon avis la solution la plus favorable à la communauté dans son ensemble. Dans ma réflexion sur les entreprises qui réussissent, cela signifie donner la priorité à la recherche d'un dirigeant entrepreneur compétent à qui on donne la possibilité d'acquérir la majorité des parts de l'entreprise (si nécessaire, à un prix réduit). Il est certain que cette décision est très difficile à prendre d'un point de vue affectif, et pourtant elle est nécessaire.

Si la priorité est la réputation personnelle du fondateur, il peut décider de vendre son entreprise et de donner les produits de cette vente à des actions caritatives. Si la génération suivante a une idée sur ce qu'elle veut faire de l'héritage, lancer une nouvelle entreprise, ce choix peut se justifier. Sinon distribuer sa fortune à sa famille est le plus mauvais service qu'on puisse leur rendre. Vous leur enlevez l'un des plus grands plaisirs de la vie : celui de réussir par ses propres moyens, de prendre en charge soi-même et sa famille et d'avoir une vie qui a un sens, grâce à un travail difficile et motivant. Je suis content de ne pas avoir à faire ce choix. Quoi que vous fassiez, vous serez critiqué.

Dernier point, une fondation à but non lucratif comme celle d'IKEA est-elle le meilleur moyen de préserver l'avenir d'une entreprise ? Je n'ai pas de certitude à ce sujet. Lorsque les héritiers ont des opinions différentes sur ce qu'il faut faire pour l'entreprise, et où que l'un ou plusieurs d'entre eux sont prêts et veulent succéder au fondateur, une telle fondation peut être une très bonne structure pour préserver l'intégrité de l'entreprise. Si tous les héritiers sont prêts et capables de diriger l'entreprise, cette structure ne présente pas plus d'avantages que d'inconvénients particuliers par rapport à d'autres formes de gouvernance lorsqu'il s'agit de faire ce qui est le mieux pour l'entreprise. Le problème survient lorsque aucun membre de la famille ne veut ou n'a les capacités de prendre les rênes. Ce type de structure aura alors les mêmes effets qu'un mauvais mariage. On aura d'un côté un propriétaire ayant un intérêt limité pour l'entreprise et éprouvant du ressentiment parce qu'il ne peut pas disposer de l'héritage, et de l'autre côté des dirigeants et un conseil d'administration qui n'ont aucune possibilité d'investir dans l'entreprise. Dans ce genre de situation, le recours à une fondation est une voie vers la destruction de l'entreprise plutôt que vers son développement. Le meilleur avis à donner est de n'abandonner aucune option jusqu'à ce que l'on ait une idée précise des ambitions et des compétences de la génération suivante.

Les finances

Il n'y a pas de recette universelle en matière de politique financière. Ce que vous allez faire dépend de votre secteur d'activité, de vos gains et de votre capacité de créer de la trésorerie. La combinaison entre un *business model* qui réussit et une société non cotée permet néanmoins d'avoir une grande marge de manœuvre dans l'utilisation du capital, et de créer des avantages supplémentaires. Les entreprises qui se trouvent dans des situations similaires peuvent tirer un certain nombre d'enseignements du cas IKEA.

IKEA approche son bilan et son compte de résultat d'une manière un peu différente des autres enseignes de grande distribution. À la différence des autres secteurs, IKEA est très prudente et peu encline à prendre des risques. IKEA n'a aucune intention de mettre en danger son indépendance, quelles que soient les circonstances. Si les bénéfices diminuent, la conséquence est d'investir moins et de ce fait, de se développer à un rythme plus lent.

Il faut d'abord gagner l'argent avant de le dépenser. Une telle mentalité n'est pas toujours monnaie courante dans les entreprises. De même, IKEA a pour politique d'avoir un capital immobilier important. Cela lui permet de ne pas être à la merci des propriétaires et de contrôler elle-même le prix des loyers. Avoir la propriété de ses biens immobiliers plutôt que de les louer donne également d'autres avantages : on peut modifier ou rénover les magasins lorsque c'est nécessaire, et l'entreprise se garde la possibilité de réaliser des revenus sur ces propriétés. IKEA conserve également au minimum 12 % de son chiffre d'affaires en trésorerie nette. Si les conditions économiques venaient à être défavorables à IKEA, l'entreprise pourra toujours faire ses propres choix et exploiter des opportunités d'investissement sans devoir dépendre d'institutions financières. La politique de financement est également très stricte et la société n'emprunte que pour construire.

Les investissements sont considérés sur le long terme, l'entreprise achète généralement des terrains plus grands et construit des magasins plus vastes que nécessaire pour pouvoir se développer plus facilement à l'avenir. L'opinion prédominante est que les coûts des terrains et de la construction ne baisseront jamais. De même, le stock est vu comme un actif et IKEA privilégie la disponibilité des produits et l'efficience logistique à la réduction des niveaux de stocks ou du fonds de roulement. L'entreprise paie également ses fournisseurs à temps, souvent à trente jours, ce qui est inhabituel dans la grande distribution. Il est probable que c'est ce qui lui permet de bénéficier de prix d'achats moins élevés.

En fonction de tout cela, le bilan d'IKEA paraît étrange pour la plupart des autres entreprises du secteur, avec un ratio de rotation des actifs largement inférieur à 1 %, mais étant donné qu'elle est une entreprise non cotée, elle n'a pas à se préoccuper de la maximisation de la valeur à court terme pour les actionnaires. Sa politique financière permet à IKEA de disposer d'une plus grande sécurité et de contrôler son propre destin.

Une telle politique dépend évidemment de la réalisation de bénéfices élevés et constants pendant de nombreuses années, particulièrement lorsqu'on est une entreprise non cotée comme IKEA. Jusqu'ici, IKEA a pu réaliser suffisamment de profits pour financer des investissements annuels de l'ordre d'environ 3 milliards d'euros en 2009 tout en respectant les prescriptions de sa politique financière. Ne pas être coté en Bourse peut certes restreindre les possibilités de financement, mais cela apporte également des opportunités. Il n'existe quasiment pas de pression pour verser des dividendes au propriétaire (la fondation) quand on a besoin du capital pour développer les activités de l'entreprise. Quand j'étais PDG, pour l'ensemble de la direction et pour les collaborateurs, savoir que les bénéfices sont réinjectés dans l'entreprise pour financer l'activité a toujours été un confort exceptionnel.

En ce qui concerne le compte de résultat, les ventes sont la priorité numéro un, deux et trois. IKEA est très orientée ventes. Avec une vision privilégiant des niveaux bas de prix avec un *business model* et une politique financière qui entraînent des coûts fixes élevés, il est indispensable de réaliser un volume de ventes important pour amortir les coûts et faire suffisamment de bénéfices. Comme la politique de prix ne se contente pas d'offrir les mêmes que ceux des concurrents, ou seulement d'être légèrement au-dessous, mais au contraire de proposer une différence importante, il est indispensable d'avoir une chaîne d'approvisionnement très efficiente en termes de coûts pour obtenir de bonnes marges sur les prix de vente. La majeure partie des coûts concerne ceux du personnel, qui représentent près de 40 % de l'ensemble. En raison de l'augmentation des salaires et des baisses des prix de vente, il faudrait dans l'idéal une amélioration de 10 % de productivité par an pour diminuer ce ratio de coûts, et cet objectif n'a pas été atteint sur les dernières années.

IKEA a pour politique de ne pas dévoiler ses comptes. Ils sont toutefois du domaine public et sont de plus en plus commentés par les médias. Il est dans l'intérêt d'IKEA de trouver un degré d'ouverture suffisamment raisonnable en matière d'informations financières. L'absence de transparence laisse croire qu'il y a quelque chose à dissimuler. Du point de vue du PDG, cette politique de ne faire aucun commentaire sur les questions concernant les informations financières est très positive. Dès que vous abordez ce sujet avec la presse, celle-ci ne voudra plus parler d'autre chose que de cette question. IKEA préfère mettre l'accent sur son domaine d'activité, l'ameublement, ses produits qui concernent plus le grand public. Satisfaire la curiosité de la communauté financière intéresse peu IKEA. Ceux qui ont besoin d'avoir des informations (les partenaires financiers) reçoivent les informations dont ils ont besoin. Cependant quelques informations concernant les résultats annuels accompagnées d'une courte déclaration seraient toutefois probablement bénéfiques pour IKEA et pour construire une réputation d'entreprise transparente, ouverte et honnête. Refuser obstinément de dire quoi que ce soit envoie un message étrange. Les déclarations récentes de l'entreprise semblent indiquer une politique un peu plus ouverte en la matière.

CHAPITRE 6

Le rôle du PDG

Quel est le rôle du PDG ? On peut le définir de nombreuses manières. La plus simpliste est la suivante : il conduit, par le biais de recommandations auprès du conseil d'administration, la réalisation de la vision et des objectifs (l'ambition), des stratégies (comment atteindre les buts fixés), de l'organisation et de la structure de gouvernance, du système de valeurs et des politiques générales (le cadre), de l'allocation des ressources (argent, budgets), et du recrutement en vue de concrétiser tout cela pour le développement de l'entreprise. Ces différents éléments ont été déjà vus en détail, mais certains méritent une réflexion supplémentaire.

Il faut définir des objectifs très exigeants. Cela a pour but d'ouvrir grand les yeux pour saisir de nouvelles possibilités. Cela touche les gens, et entraîne souvent beaucoup d'énergie et de motivation. Certains peuvent parfois vous critiquer en affirmant que ces objectifs sont irréalistes, mais de bons collaborateurs réagiront souvent d'une manière très positive aux objectifs exigeants. Il est extraordinaire de constater que souvent ce qui semblait irréalisable finit par être accompli une fois qu'on a pris la décision de le faire. Lorsqu'on échoue à réaliser un objectif ambitieux, la défaillance réside dans la majorité des cas dans l'exécution et non dans l'objectif lui-même. Pour moi, fixer un objectif « pépère » est de la gestion, non de la direction. Lorsqu'on dirige, on donne aux gens l'opportunité d'aller jusqu'au bout de leur potentiel et non de se contenter de faire leur travail. Parmi les exemples qui ont produit cet effet chez IKEA, on peut citer la décision de tripler les ventes et réduire les prix de vente et d'achats de 20 % en dix ans, alléger de 50 % les structures centrales de chaque pays ou de vouloir obtenir 100 % d'énergies renouvelables. Ce type d'objectifs nécessite une mentalité différente qui permet de déclencher de vrais changements.

Créer des orientations et des stratégies. En matière de planification, je suis en faveur d'une perspective à très long terme. D'abord, cela permet d'avoir des ambitions plus grandes ; ensuite dans une approche à plus court terme, il existe un risque de passer trop de temps à planifier et ne plus avoir suffisamment de temps pour l'exécution. J'ai choisi une durée de dix ans dans l'orientation générale (10/10) d'IKEA. Peut-être objecterez-vous que dix ans sont trop longs. Cela ne crée pas le sentiment d'urgence, vous ne verrez pas personnellement les résultats, et l'environnement change trop vite dans une perspective aussi longue. Certes. Mais d'un autre côté, il est nécessaire d'avoir du temps pour opérer le changement. Une perspective à plus long terme apporte sécurité et stabilité dans l'organisation. J'ai trop souvent vu des dirigeants créer beaucoup de frustration et d'insécurité suite à des changements constants d'orientation et d'organisation. Bien évidemment, dix ans ne sont pas un délai absolu, ce qui compte, c'est une perspective à long terme. Atteindre tous les membres d'une organisation comme IKEA (et ses 125 000 employés) et conduire un changement fondamental prend du temps. On rencontre plus de plans trop courts pour avoir d'effets réels que de plans trop longs.

Quelques réflexions sur la structure de l'organisation. Je suis un partisan résolu des structures qui favorisent la coopération entre les fonctions. La clé consiste à définir un processus principal, le processus d'approvisionnement dans le cas d'IKEA, puis à créer celui de la demande, celui de la vente et de la communication, et enfin à mettre en place une structure qui vienne en soutien de cette organisation. Ce n'est pas facile parce qu'il faut s'organiser selon des fonctions (achat, distribution, production, conception de gamme, magasins), mais également s'assurer que l'on est capable de travailler par processus.

Je suis également un partisan des organisations « plates ». Plus il y a de niveaux hiérarchiques, plus il y a de bureaucratie et moins il y aura de responsabilité individuelle. À chaque fois que le développement de l'entreprise exigeait l'addition d'un niveau hiérarchique, par exemple au niveau régional, j'ai toujours refusé de le faire. Si nécessaire, un poste de directeur régional est créé, mais jamais une structure régionale complète. Si possible, les directeurs régionaux doivent également avoir une autre casquette, par exemple directeur pays ou directeur de magasin. Ainsi, et contrairement à ce qui est communément admis en management, je préfère que l'étendue des responsabilités d'un cadre dirigeant (le nombre de personnes qui sont directement sous ses ordres) soit très large.

Le contraire peut être positif dans certains cas, par exemple en temps de crise, ou si les subordonnés ne sont pas qualifiés, ou encore si votre style de leadership préféré est le contrôle étroit. Dans ces cas-là, vous avez besoin d'être proche de vos collaborateurs et d'échanger fréquemment avec eux. À l'inverse, avoir un plus grand nombre de collaborateurs sous vos ordres réduit le nombre de niveaux hiérarchiques et donne à vos subordonnés davantage de liberté, pour la simple raison que vous n'avez tout simplement pas le temps d'être constamment en contact avec eux. Une telle approche est efficace lorsque tout le monde partage une vision claire des valeurs, des objectifs et des stratégies, lorsque la confiance mutuelle est forte, lorsque les collaborateurs sont qualifiés et lorsque vous concevez le leadership comme une fonction de support plutôt que de contrôle. La plupart des individus compétents ne veulent pas d'un chef qui soit constamment sur leur dos en train de les surveiller, ils veulent la liberté de mener à bien leur mission. Le chef ne doit être là que lorsqu'on a besoin de lui. Il doit être là pour les aider, et bien évidemment pour fixer des objectifs très exigeants. Cela ne veut pas dire que le chef renonce à ses responsabilités, et certains managers confondent travailler dur et maîtriser leur domaine avec tout connaître et tout contrôler en permanence. Mon expérience m'a appris que ce n'est pas ce dont ont besoin les employés compétents. Le PDG doit donc être là pour aider et permettre la réalisation des objectifs partagés, et ce tout en prenant le temps de penser aux actions futures.

Une réflexion sur la structure de gouvernance. Certaines personnes préfèrent de petites équipes de direction qui se réunissent fréquemment (chaque semaine ou chaque mois), et qui prennent la plupart, sinon toutes les décisions. Cela a pour avantage de tenir tous les membres de l'équipe au courant de tout ce qui se passe, et tout le monde dans l'organisation sait où se prennent les décisions. À l'inverse, l'inconvénient est que les principaux dirigeants perdent trop de temps en réunions, peuvent facilement devenir trop opérationnels et avoir une approche à court terme (en raison de toutes les décisions qu'ils doivent prendre) et peuvent donc très vite devenir un facteur de ralentissement. Je préfère avoir une équipe de direction assez élargie qui ne se réunit que quelques fois par an (disons cinq fois par an, sur deux jours), dans une organisation où une grande partie du pouvoir de décision est délégué à des comités. Une équipe élargie qui permet à un plus grand nombre de gens de comprendre le fonctionnement global de l'entreprise, et de favoriser une approche coopérative, et moins de réunions pour donner à chacun le temps de remplir ses objectifs, avec des comités qui séparent la prise de décision en matière d'exécution des stratégies et des plans (au sein des comités) de la planification à plus long terme (dans les réunions de l'équipe de direction). Les comités sont composés de ceux qui, dans l'équipe de direction, traitent d'un sujet en particulier, ainsi que d'autres cadres importants pour exécution de celui-ci. Ainsi vous êtes sûr que l'expertise est présente dans le processus de prise de décision, et vous bénéficiez de l'adhésion nécessaire à la bonne exécution des stratégies ou des plans. L'inconvénient de cette approche est qu'il est possible qu'elle crée un certain flou au sein de l'organisation sur le lieu de la prise de décision.

Recruter les bons collaborateurs. Quelques considérations. Votre réussite dépend de l'exigence que vous mettrez dans le recrutement de vos collaborateurs. Moins vous serez stricts, moins l'entreprise sera performante, et réciproquement. Ne recrutez pas si vous avez un doute. Dans la majorité des cas, votre intuition sera correcte. Recruter en externe ne devrait, dans la plupart des cas, être fait qu'en dernier recours. Ce que je cherche chez un cadre, c'est de l'énergie, de la détermination, de l'engagement, des résultats, des valeurs, de l'intégrité, un esprit de coopération, le potentiel pour motiver les autres et pour développer l'activité grâce à des compétences spécialisées. Le manager idéal combine un fort dynamisme, des compétences relationnelles et un savoir-faire professionnel. Ces trois éléments sont tout aussi importants les uns que les autres.

Quelques considérations sur ce qu'est un bon leadership. Dans mon cas, le développement de mon style de leadership a été un processus qui s'est étalé sur de nombreuses années. Pendant longtemps, ce processus a également été inconscient. Quand j'étais plus jeune, j'ai essayé d'apprendre en regardant les autres et en lisant des ouvrages sur le leadership, mais il y avait trop d'enseignements, trop d'idées, et tout cela entraînait un sentiment de frustration. Il me semblait impossible d'être à la hauteur de ce qu'un chef devrait être.

Quelques principes m'ont permis de mieux m'y prendre en matière de leadership et de m'y sentir plus à l'aise :

- Il n'existe pas de chef idéal ou parfait. Différentes situations et différentes personnes conduisent à différents types de leadership.
- Il n'est nul besoin d'être charismatique pour être un bon chef.
- Il a fallu que je me connaisse moi-même pour développer mon style de leadership. J'ai analysé mes forces et mes faiblesses et me suis appuyé sur elles plutôt que d'essayer à imiter les autres ou de suivre les conseils des experts.

Les bons chefs sont ceux qui m'ont aidé à rester motivé et déterminé sur une longue période. Qu'est-ce qui déclenche alors la motivation ? La motivation relève de la satisfaction des besoins. Prenons un exemple très simple : lorsqu'une personne a faim, elle est motivée pour aller manger. Lorsqu'on est fatigué, on est motivé pour dormir. Je pense que la voie vers un bon leadership tient dans la compréhension de ses propres besoins essentiels et la capacité à s'appuyer là-dessus. Vous ne pourrez pas satisfaire tout le monde. Certes, comprendre les besoins de chacun, et essayer de les satisfaire, serait l'idéal, mais la clé est de se concentrer sur un petit nombre d'objectifs et de les faire le mieux possible. La chose la plus facile à faire est d'être bon dans ce qui compte pour vous, ou en d'autres termes, de traiter les autres comme vous voudriez que l'on vous traite. En cherchant à me connaître, je suis arrivé à la conclusion que j'avais quatre principaux facteurs de motivation. Il faut que mon action ait du sens. J'ai besoin de me sentir reconnu pour ce que je fais. Je dois avoir confiance en ceux avec qui je travaille et je dois ressentir une cohésion avec les personnes avec lesquelles je travaille. Enfin, il faut que je ressente que je m'épanouis et que j'apprends à travers mon travail. Je suis très motivé lorsque ces quatre critères sont réunis. Dans la majorité des postes que j'ai eu à effectuer chez IKEA, j'ai eu la chance de collaborer avec des gens qui m'ont donné l'opportunité de satisfaire ces besoins. La responsabilité n'incombe pas seulement à mon chef, mais à moi-même pour une grande partie, et le rôle de mon supérieur a été de m'aider dans cette voie.

Permettez-moi de développer ici ce qui me motive.

Du sens dans mes actions. À chacun des postes que j'ai occupés, le point de départ a toujours été d'identifier le but principal de ce que l'organisation que je dirigeais ou moi-même devions accomplir. Quels sont les objectifs à long terme ? Quelles stratégies doivent être mises en œuvre pour les réaliser ? Est-ce la direction appropriée ? Il m'a toujours été difficile de travailler sans que je ne sache où je vais, et pourquoi j'y vais. L'exemple le plus récent est l'orientation décennale « Ten Jobs in Ten Years » que nous avons développée lors de mes débuts en tant que PDG en 1999. C'était ma priorité, en même temps que la formation de la nouvelle équipe. D'après mon expérience, une orientation claire, comprise et admise apporte sécurité et stabilité dans une organisation et permet de concentrer les énergies et les ressources. Créer du sens grâce à une orientation ou un plan commun signifie également les rendre suffisamment larges pour que la plupart des collaborateurs puissent y identifier leur rôle et leur contribution. Comprendre l'orientation globale de l'entreprise et son rôle dans ce plan motive l'individu. « Ten Jobs » est la preuve que ça marche, et j'ai eu des réactions très positives à ce sujet. La vision IKEA est un exemple encore plus fort du pouvoir de motiver les individus en donnant du sens à leur travail. « Améliorer le quotidien du plus grand nombre » : cette fois-ci, l'orientation a en plus une ambition sociale, et c'est là une chose très forte. Cette vision a été extrêmement motivante aussi bien pour moi que pour de nombreux employés d'IKEA.

Me sentir reconnu pour ce que je fais. C'est là sans doute le plus grand facteur de motivation. Je dirais même que la soif de reconnaissance est le ressort le plus important de l'homme. Il est extrêmement important, mais aussi tellement difficile à satisfaire. Dans tous les questionnaires d'évaluation de leadership que j'ai vus chez IKEA, la question qui obtient le score le plus bas est constamment celle qui porte sur la capacité des collaborateurs à « donner un retour sur leur performance au travail ». Cela est également vrai sur les retours que je reçois. La soif de reconnaissance est insatiable. Plus vous en recevez, plus vous en voulez. La reconnaissance peut revêtir plusieurs aspects. Le plus important pour moi a toujours été qu'on me confie des responsabilités et de l'indépendance. Que je sois vu, écouté et respecté. Au fil des ans, j'ai reçu en permanence des retours m'informant que je travaillais de cette manière avec mes subordonnés. Oui, soyez exigeant avec les autres, oui, responsabilisez-les et oui, faites un suivi de leurs actions, mais donnez-leur avant tout la liberté d'effectuer leurs missions et de trouver la solution par eux-mêmes. Il s'agit une nouvelle fois d'un exemple dans lequel traiter les autres comme je souhaite moi-même être traité qui donne des résultats.

Avoir confiance en ceux avec qui je travaille et ressentir une cohésion entre nous. Le sentiment d'appartenance est un besoin fondamental pour beaucoup de personnes, preuve en est l'importance que nous accordons à notre famille ou à nos amis. Lorsque quelqu'un quitte son travail, on entend souvent que ce qu'il regrette le plus, ce sont les gens et l'amitié au bureau, et non les tâches qu'il a effectuées. J'ai eu moi-même ce type d'expérience lorsque j'ai été directeur pays au Royaume-Uni. À mon arrivée là-bas, il y avait beaucoup de méfiance entre les directeurs de magasins et les responsables du Service Office, l'organisation centrale du pays. Ma priorité a donc été de renforcer la confiance entre ces deux groupes et nous avons essayé de passer de bons moments ensemble pendant quatre ans. Les excellentes relations que nous avons ainsi développées pendant ces années ont été décisives dans la réussite de nos activités. D'un point de vue général, la cohésion et la confiance peuvent se bâtir à travers des actions comme la création de visions, d'objectifs et de priorités communs et de partage de valeurs. Dans le cas d'IKEA, une vision forte et partagée et des valeurs fortes ont créé un sentiment de cohésion et de motivation chez beaucoup de personnes. Sur le plan individuel, pour faire confiance aux autres, j'ai besoin de déceler chez eux des qualités telles que l'honnêteté, l'ouverture et la disponibilité, la franchise, le respect de la parole donnée, et des valeurs morales et éthiques élevées. Caractéristiques que, je l'espère, les autres perçoivent en moi.

Apprendre de mon travail. Cela n'a certainement jamais été un problème pendant mes vingt-six années chez IKEA. Dans une organisation de taille mondiale en pleine croissance et qui propose des activités allant de la production à la grande distribution, avec une culture d'entreprise qui encourage ses employés à essayer de nouvelles idées et à se responsabiliser, il a toujours existé énormément d'occasions pour apprendre. J'ai eu la chance d'assumer des responsabilités importantes très tôt, j'ai essayé d'en faire de même pour ceux qui travaillaient avec moi.

En conclusion, j'ai constamment essayé dans mon style de leadership d'instaurer un environnement dans lequel les collaborateurs se sentent les bienvenus et soient motivés. Un lieu où ils verront que leur travail a du sens, un sens digne de leurs efforts. Un lieu où ils se sentent reconnus, respectés et fiers de ce qu'ils font. Un lieu où ils se sentent aidés et où ils bénéficient de la confiance de leurs collègues. Et enfin où ils ont la possibilité de s'épanouir et de développer à leur tour l'entreprise.

Favoriser un bon leadership a toujours été une chose importante pour IKEA. L'entreprise consacre beaucoup de temps à la formation au leadership. L'idée est de toujours chercher à relier le développement du leadership avec les valeurs d'IKEA, de faire en sorte que le leadership d'IKEA soit basé sur celles-ci. Donner le bon exemple, être présent dans les rayons du magasin, l'humilité, la détermination, la cohésion, le souci constant de baisser les coûts, le bon sens, l'absence de statut, la volonté de responsabiliser : toutes ces caractéristiques qui décrivent les valeurs IKEA peuvent également s'appliquer à la plupart des dirigeants d'IKEA. Dans les enquêtes internes, 70 % des employés confirment que leur manager est un bon exemple des valeurs d'IKEA.

CHAPITRE 7

Responsabilité sociétale : conjuguer éthique et affaires

Que faut-il pour qu'une entreprise soit à la fois rentable et contribue à l'amélioration de la société ? Mes réflexions portent principalement sur le secteur de la grande distribution, mais j'aime à croire que quelques-unes d'entre elles s'appliquent également à d'autres secteurs d'activités.

Quatre éléments essentiels à retenir :

- Une vision avec une ambition sociétale combinée à des valeurs fortes.
- Une différenciation à travers le contrôle de la chaîne de valeurs.
- La première place sur le marché et un portefeuille équilibré de marchés.
- Un contrôle de l'entreprise par un propriétaire engagé ayant une perspective à long terme.

Une vision avec une ambition sociétale combinée à des valeurs fortes

Posséder des valeurs fortes et une vision avec une ambition sociétale non seulement augmente la rentabilité de l'entreprise mais l'aide également à gagner le respect et la confiance du grand public. Cela va permettre à l'entreprise d'être compétitive sur le marché du travail et de pouvoir recruter, et garder les employés les plus motivés. La majorité des collaborateurs veulent davantage qu'un simple chèque à la fin du mois pour leur travail. Ils veulent que leur activité ait du sens, et ils veulent travailler avec des personnes qui partagent leurs valeurs. Recruter les meilleurs et les plus motivés aura pour résultat d'améliorer les performances de l'entreprise.

Une vision avec une ambition sociale est la clé pour asseoir la crédibilité de votre engagement de faire de votre entreprise une entreprise responsable. Il est également important que les valeurs de l'entreprise ne portent pas uniquement sur les clients ou sur l'efficience. Elles doivent s'adresser à ce qui motive réellement les gens, comme la reconnaissance ou la confiance. Parmi ces valeurs, citons l'honnêteté, le respect, l'égalité, la transparence ou l'équité. En s'engageant à être responsable et à contribuer à l'amélioration de la société, l'entreprise s'attirera la loyauté de ses clients, et ce qui se manifestera par une hausse des résultats. Je sais que ce processus est difficile à quantifier précisément, mais je suis convaincu qu'il finit par être payant. Et puis, si vous dirigez ou possédez une entreprise, comment voulez-vous être connu ? Comme celui ou celle qui avait la plus grande résidence, le plus grand yacht, le plus gros compte en banque, ou celui ou celle qui a fait la différence pour beaucoup de personnes ? La reconnaissance est notre plus grand ressort, et vous êtes reconnu quand vous travaillez dans une entreprise responsable.

Une différenciation à travers le contrôle de la chaîne de valeurs

Une différenciation sur la gamme et sur le prix est la clé pour générer une meilleure rentabilité. Lorsque la gamme de produits est contrôlée par d'autres entreprises (comme c'est communément le cas dans le secteur des produits de grande consommation), cela pose un problème pour les enseignes de la grande distribution. C'est par exemple le cas dans les grandes surfaces alimentaires, le bricolage ou l'électronique. La gamme est presque identique entre les différentes enseignes dans ces secteurs, et la concurrence sur le prix est pratiquement impossible. L'intérêt de ceux qui contrôlent les marques est de préserver la stabilité des prix, ce qui rend difficile toute stratégie de prix pour les enseignes. En effet, lorsque les prix d'achat sont plus ou moins identiques pour tout le monde, toute initiative pour baisser les prix aboutira à une guerre de prix qui résultera en une baisse des marges pour tout le monde. Et c'est précisément ce que souhaitent absolument éviter la plupart des grandes surfaces cotées en Bourse, car elles sont obligées de présenter des résultats financiers tous les trimestres. Les enseignes recourent alors aux promotions pour apparaître comme celles qui proposent les meilleurs prix, mais en réalité il est dans l'intérêt de toutes les enseignes de garder des prix stables. La stratégie des prix se limite donc à surveiller les concurrents et à réagir à ce qu'ils font. Dans une telle organisation composée de deux acteurs interdépendants, les propriétaires des marques et les grandes surfaces, les prix pour le consommateur ont une tendance naturelle à être plus élevés. Comme la gamme est la même partout et que les prix sont identiques, le principal élément de différenciation est l'emplacement. Les autres éléments de différenciation peuvent être la qualité du service, la qualité des magasins, les offres de financement et la qualité du personnel, mais tout cela n'a qu'une influence minime sur les ventes et les bénéfices comparé aux prix et à la gamme.

Les grandes surfaces qui commercialisent leurs propres marques doivent porter leurs efforts sur l'exploitation maximale de leur avantage en optimisant le développement de leur gamme de produits et leur chaîne d'approvisionnement à l'aide d'une organisation orientée processus.

Les grandes surfaces qui ne commercialisent pas leurs propres marques sont confrontées à un problème plus important parce qu'elles doivent augmenter la proportion de leurs propres marques, et dans l'idéal la porter à 100 %. Mais pour cela, simplement « adapter » certains produits ne suffira pas, il faut complètement transformer l'entreprise dans son ensemble. Développer une marque forte, une marque qui appartienne à l'enseigne elle-même, est une compétence complètement nouvelle qu'il faut acquérir ou élargir. Je ne connais aucune entreprise qui ait réalisé complètement et efficacement cette transformation. Je ne me réfère pas ici à la simple apposition de marques de distributeurs, car pour réellement en tirer profit, l'entreprise doit se rapprocher de ce que font IKEA et Hennes & Mauritz.

La première place sur le marché et un portefeuille équilibré de marchés

Lorsque tous les autres facteurs concurrentiels sont identiques, c'est la taille qui fait la différence en matière de rentabilité. Les statistiques des secteurs comme le bricolage ou l'électronique le confirment. Lorsque les produits sont identiques et les prix aussi, les entreprises qui ont le volume de ventes le plus élevé semblent être plus rentables que les autres. La taille vous permettra de bénéficier de prix d'achats plus bas, et si de plus, vous pouvez réaliser des économies d'échelle en mettant en place des procédures d'exploitation plus efficientes, vous aurez des avantages au niveau des coûts. Être leader sur le marché est donc important.

Pour parer aux risques et se préparer aux croissances futures, les entreprises de la grande distribution doivent également équilibrer leur portefeuille de marchés entre marchés matures et marchés en potentiel de croissance. Pour disposer d'un tel équilibre tout en préservant une rentabilité élevée, il faut occuper une position forte sur le marché domestique, être prêt à prendre des risques et disposer de compétences requises pour adapter le *business model* aux différentes situations des différents pays, caractérisés par des pouvoirs d'achats plus faibles, moins de stabilité financière et politique, ainsi que des cultures et des valeurs différentes. Rares sont les géants de la grande distribution qui ont pu réussir tout cela.

Un contrôle de l'entreprise avec un propriétaire engagé ayant une perspective à long terme

Mon expérience chez IKEA m'a permis de constater qu'un propriétaire engagé contribue très avantageusement à la bonne marche de l'activité. Réflexion à long terme, prise de risque, création de racines, détermination dans la raison d'être et dans les valeurs, restriction des tentations dans le versement de rémunérations extravagantes aux dirigeants… Grâce à leur connaissance de l'entreprise, les propriétaires engagés exercent une pression salutaire pour améliorer l'entreprise. Toutes ces caractéristiques sont importantes pour la rentabilité de l'entreprise. Est-il possible de réaliser tout cela dans une entreprise cotée en Bourse, avec une structure d'actionnaires diluée ou faible ? Dans ce type d'entreprise, l'objectif à court terme est le profit, ce qui peut influencer de façon négative la volonté de prendre des risques, de réaliser des transformations à long terme, d'établir des racines et de poursuivre un but autre que le gain financier. Les propriétaires déterminés restent souvent plus longtemps que les PDG, ce qui facilite la réalisation de ces objectifs. En présence d'un conseil d'administration fort et d'une équipe de dirigeants déterminés, avec de bonnes valeurs et une bonne vision, et qui s'engagent sur le long terme, je suis sûr que cela est aussi possible.

Quelles entreprises peuvent à la fois avoir de bonnes pratiques et générer des profits importants ? Dans la grande distribution, si l'on prend le profit, la croissance des ventes, les différents classements en matière d'innovation, de respectabilité, d'attractivité des employeurs, de notoriété, etc., en tant qu'indicateurs, les entreprises comme IKEA, Hennes & Mauritz et Inditex sont constamment en tête. On retrouve chez elles les critères de différenciation de la gamme et des prix, la vision et les valeurs, des propriétaires engagés ayant une perspective à long terme et un positionnement de leader sur le marché.

Doit-on attendre de faire des bénéfices élevés avant de devenir une entreprise socialement responsable ? Je ne pense pas. Des valeurs fortes, une vision, une orientation à long terme, etc. : tout cela fera de votre entreprise une entreprise rentable. Il ne s'agit donc pas d'une décision que l'on peut repousser à la fin.

La plupart des entreprises se trouvent dans des situations différentes dans leur cycle de vie. Certaines sont en mode survie, d'autres font des bénéfices, certaines autres font des bénéfices et ont une bonne réputation. Je classerais IKEA dans cette dernière catégorie, mais très peu d'entreprises, voire aucune, n'ont pu se positionner comme des entreprises réellement socialement responsable.

Il y a en effet toujours une étape supplémentaire à faire. Dans le cas d'IKEA et de sa mise en œuvre d'une vision de servir le plus grand nombre, l'entreprise a pu atteindre les classes moyennes grâce à sa gamme de produits et de ses prix. Il s'agit là d'une réalisation remarquable, mais le principal défi est de proposer des produits d'ameublement esthétiques et de qualité aux plus pauvres, qu'ils soient dans des villages en Inde ou dans les banlieues des villes occidentales. Sur le plan de l'égalité des chances, il y a également eu des progrès en ce qui concerne l'égalité des sexes, mais jusqu'ici il a été plus difficile de procurer aux groupes minoritaires des occasions d'accéder à des fonctions managériales sur les différents marchés où le groupe est présent. De même, beaucoup a été fait en matière d'écologie, mais il reste encore des progrès à faire aussi bien du côté fournisseurs qu'en matière d'énergie ou d'utilisation des matières premières.

Le but d'une entreprise est de croître et de se développer autant qu'elle peut. Cela implique de parvenir à un meilleur équilibre entre réussite financière et actions justes. Agir de manière juste signifie contribuer à l'amélioration de la société. Les entreprises responsables se doivent de croître en raison de l'importance de leur contribution sociale. Dans cette perspective, il faudrait plus d'entreprises contrôlées par des propriétaires engagés partageant les valeurs justes. Lorsque ce n'est pas le cas, il faudrait que les directions et les conseils d'administration des entreprises cotées en Bourse soient suffisamment courageux pour agir comme si l'entreprise leur appartenait.

Est-il naïf de croire que le changement est possible ? Après tout, la soif de richesse est un ressort important dans le monde des affaires, et de ce fait contribuer à l'amélioration de la société ne sera jamais une priorité parmi la grande majorité de propriétaires ou dirigeants d'entreprises. Dans son ouvrage *La Richesse des nations*, Adam

Smith écrivait : « Ce n'est pas de la bienveillance du boucher, du brasseur, ou du boulanger que nous attendons notre dîner, mais du souci qu'ils ont de leur propre intérêt. Nous ne nous adressons pas à leur humanité, mais à leur amour-propre, et nous ne leur parlons jamais de nos propres besoins, mais de leurs avantages. »

Lorsque nous nous adressons à ceux qui sont motivés par le profit, et à travers ce profit par la création de leur propre richesse, notre argument doit être que celui-ci sera mieux atteint si l'entreprise est socialement responsable, parce que les entreprises responsables attirent les meilleurs collaborateurs, qui sont ceux qui sont susceptibles de créer le plus de profits. Lorsque nous nous adressons à ceux qui ont soif de reconnaissance (la grande majorité à mon avis), nous devons les convaincre qu'être socialement responsable apporte bien plus de reconnaissance que le fait d'être simplement riche. Par ailleurs, être socialement responsable est tout simplement moralement juste.

J'ai bon espoir dans cette possibilité de changement. Il y a cinquante ans, les riches et les puissants étaient des icônes dans la société. Aujourd'hui, les riches et les puissants sont toujours admirés, pas seulement parce qu'ils sont riches, mais plutôt par leur façon de diriger leurs entreprises et d'utiliser leur richesse. Des personnalités comme Ingvar Kamprad, Ratan Tata, Bill Gates et les fondateurs de Google, Sergey Brin et Larry Page, sont de bons modèles dans la société actuelle. Et tous sont des icônes du monde des entreprises, et non des financiers de Wall Street.

L'évolution des valeurs dans la société, l'exemple donné par de grands entrepreneurs et la rentabilité des entreprises responsables socialement sont autant de raisons formidables pour conduire au changement.

Anders Dahlvig, 2011

Ouvrages pour les professionnels parus aux Éditions Diateino

Jacques Birol

52 conseils éternels pour entreprendre et innover

Connie Dieken

Parler moins pour en dire plus

Nancy Duarte

Vibrations

Catherine Ertzscheid, Benoît Faverial, Sylvain Guéguen

Le Community Management

Seth Godin

Nous sommes tous singuliers

Poke the box

Êtes-vous indispensable ?

Tribus

Tara Hunt

L'Effet Whuffie

Chantal Baumgart

Le Parcours gagnant pour retrouver un emploi

Jay Conrad Levinson, David E.Perry

Guerilla Marketing pour trouver un emploi

Mitch Joel

Six pixels de séparation

Guy Kawasaki

L'Art de l'enchantement

La Réalité de l'entrepreneuriat

L'Art de se lancer

Hugh Mac Leod

Ignorez-les tous !

André Muller

La Technique du succès

Marc Nager, Clint Nelsen, Franck Nouyrigat

Startup Weekend

Vineet Nayar

Les Employés d'abord, les clients ensuite

Monica O'Brien

Pollinisation sociale

Anthony Poncier

Les Réseaux sociaux d'entreprise

Nicole Williams

Working Girls

Dépôt légal : juin 2012
Correction/Révision : Juliette Dablanc
Mise en pages : Nord Compo
Couverture : Nord Compo

Achevé d'imprimer en avril 2016
en France